基础教育

教育理论与实践研究前沿

教学：
存在之思与目标之维

冯旭洋／著

知识产权出版社

全国百佳图书出版单位

—北 京—

图书在版编目（CIP）数据

教学：存在之思与目标之维 / 冯旭洋著 . — 北京：
知识产权出版社 , 2024.3
ISBN 978-7-5130-9237-1

Ⅰ . ①教… Ⅱ . ①冯… Ⅲ . ①教育学 Ⅳ . ① G40

中国国家版本馆 CIP 数据核字（2024）第 009424 号

责任编辑：王颖超　　　　　　　　　责任校对：谷　洋
封面设计：杨杨工作室·张冀　　　　责任印制：刘译文

教学：存在之思与目标之维

冯旭洋　著

出版发行：知识产权出版社有限责任公司	网　　址：http：//www.ipph.cn
社　　址：北京市海淀区气象路 50 号院	邮　　编：100081
责编电话：010-82000860 转 8655	责编邮箱：wangyingchao@cnipr.com
发行电话：010-82000860 转 8101/8102	发行传真：010-82000893/82005070/82000270
印　　刷：天津嘉恒印务有限公司	经　　销：新华书店、各大网上书店及相关专业书店
开　　本：880mm×1230mm　1/32	印　　张：8
版　　次：2024 年 3 月第 1 版	印　　次：2024 年 3 月第 1 次印刷
字　　数：170 千字	定　　价：59.00 元
ISBN 978-7-5130-9237-1	

序

　　该著作者是一位勇于探索的跨界思考者。从事教育学专业的学习与研究二十余年，始终不囿于"一亩三分地"，跨着不同的专业"做功"：从语文课程论到教育学原理，从师学理论到自主研哲学，直至作第一场学术报告——《哲学：开启智慧之门的必修课程》。他坚持理论与实践双肩挑，一边在大学教授本硕生提升学术素养，一边在中小学授业解基础教育之迷。在不同的专业修炼中成长，在理论与实践的张力之中求索，朝着理解教育的方向大步走去。路走远了，尝过了艰辛，跨过了壕堑，领略了风景，品尝了体验：愈是深入理论，愈是感到对实践的陌生；愈是深入实践，愈是觉得理论的无垠。

　　人们常说，教育理论从教育实践中来，再到教育实践中去。从实践中来，就是要从生动丰富的教育事实中，削繁就简、去伪存真、由表及里构建具有鲜活生命力的理论；到实践中去，就是要化理论为智慧，用智慧改变落后于时代的僵化的教育实践，为它提质赋能，让它充满时代生机与活力。

　　教育学既是理论之学，也是实践之问。它询问并参悟教育的主体，既非单有教师，亦非唯有学生，而是师生共同体。这个共同体是动态的，有时教师的引导居多，有时学生的自学偏重，但始终保持着平衡。它分配教育资源，组织教育活动，为着实现伟大而宏远的教育目的，立德树人。一切皆在五育并重各种核心素养蓬发的由低到高循序渐进的连续体中。这种连续体是让优生更优、弱生前进、全体学生齐发展的根本，是促进学生一般能力向高阶能力升华的宝贵工具，是加速创新人才培养、早日实现教育强国的铁浇钢铸的登天之梯。因此，教育研究者应去教育实践中向师生学问，并回应师生关切，回应教育召唤，回应社会期盼。

此著作分上下两篇。上篇即存在之思，是关于教育教学理论本身的若干思考，颇有形而上学的含蕴。下篇即目标之维，是关于教育实践的行动，不无形而下的味道。二者虽殊，倒也归于教育本体。上篇是在与古今中外的智者对话中，跨越时空，理解教育，是"思"的表达；下篇是在与教育实践者对话中，互动共生，躬身践履，是"行"的结晶。

我国的教育实践丰富而多彩，蕴藏无限的生命力。这生命力源于我国教育者的敬业与奉献精神，源于他们的智慧与努力。教育研究者面向教育实践，与同行者一起，探讨我国教育的实践问题，构建基于我国教育实践的理论体系，促进理论与实践的中国式生成。这是教育研究者的价值所在，也是时代之命使然。

读罢此书，也许回味悠长，也许存疑其中。若是后者，对作者提出些值得进一步研究的问题，想必他是坦然并热烈欢迎的。

熊川武

2023 年 12 月 20 日

目　录

上篇　存在之思

第一章　知识与教学 ………………………………………… 3

一、研究的缘起 ……………………………………… 3

二、研究的问题 ……………………………………… 10

三、概念的界定 ……………………………………… 13

四、什么知识最有价值 …………………………… 22

第二章　教学主体的命运 ………………………… 32

一、知识教学：确定性的寻求 …………………… 33

二、教学实践：客体世界的构筑 ………………… 41

三、教学主体：被异化与被遗忘 ………………… 48

第三章　教学主体假设理论溯源 ………………… 64

一、教学主体假设的根源 ………………………… 64

二、主体哲学的坚实构筑 ………………………… 67

三、主体哲学的现代困境 ·················· 78

第四章　作为主体的前提和基础：存在 ·············· 95

一、存在的多维解读 ···················· 99

二、存在的具体表征 ···················· 104

第五章　超越主体的教学 ···················· 124

一、教育目的：面向存在 ·················· 125

二、教学内容：凸显知识不确定性 ············· 144

三、教学过程："敞亮"知识对象 ············· 148

下篇　目标之维

第六章　与教师的对话 ···················· 153

一、人生与教师 ······················ 153

二、教师与教学 ······················ 163

三、教学与教学目标 ···················· 168

第七章　教学目标：价值 ···················· 172

一、教学目标实践存在的基本问题 ············· 172

二、教学目标实践是贯穿整个教学过程的主线 ······· 177

三、20 世纪以来中国教学目标实践 ············ 179

四、21 世纪以来中国基础教学改革的基本成就与问题 ········ 182

五、教学目标实践价值重估的意义 ············· 186

第八章　教学目标：界定·· 189

一、对教学目标概念已有研究的梳理···························· 189

二、从教师教学实践的视角考察教学目标概念················ 191

三、教学目标概念再界定 ·· 192

四、教学目标概念的实践性······································ 194

五、教学目标概念再界定的价值································ 198

第九章　教学目标：设计·· 200

一、课堂教学目标设计 ·· 200

二、单元教学目标设计 ·· 210

三、单元教学目标、课堂教学目标与教学设计················ 222

第十章　教学目标：实施·· 229

一、基于教学目标的结构化教学································ 229

二、基于教学目标的评价·· 231

参考文献·· 236

后　记·· 244

上篇

存在之思

第一章 知识与教学

　　人类如何看待世界、看待自己，是由人类对世界和自己的认识所决定的。这种认识的结果具体体现为人类所创造的知识。因此，人类积累的知识决定了人类看待世界的方式，也决定了看待自己的方式。人类总是用新创造的知识推翻对世界和自己的已有把握，更新对世界和自己的理解。因此，人类对世界和自己的认识与改造是伴随着知识的创造而不断发展的。在这个意义上，人类的命运与所创造的知识紧紧联系在一起。

一、研究的缘起

　　现代性的问题，究其根本是"人"的问题。当启蒙运动将人从神学的桎梏中解放出来，人不是从此认识了自己，获得了完全的自由，而是陷入了新的危机中。舍勒断言："在人类的知识的任何其他时代中，人从未像我们现在那样对人自身越来越充满疑问。"[1]正因如此，"什么是人的根本？为人寻根的活

---

[1]　转引自：恩斯特·卡西尔. 人论［M］. 甘阳，译. 北京：西苑出版社，2003：39.

动，如我们所见，在近 150 年来一直吸引着思想家"。❶

教育是生命的存在形式。教育领域对生命的关注在理论与
实践中并行展开着。20 世纪后期，教育实践中存在的问题日渐
突出，并将研究者逐渐汇聚到关于生命的问题上。进入 21 世
纪，教育研究领域中的生命话语日渐繁荣。在理论层面，研究
者致力于关注教育实践中的生命遭遇，致力于解读生命的内涵
及其教育意蕴。在实践层面，研究者致力于探讨行之有效的教
育教学模式。这些努力取得了一定的成绩。

（一）对已有研究的观照

中国历经数千年的宗法制度，逐渐形成了儒释道互补并以
儒家思想为主导的社会人本主义。教育主要致力于塑造"社会
人"。近代思想家的启蒙运动推崇民主、自由，力图唤醒民众。
但因其缺乏相应的经济和政治基础，加之战火频仍，所以近代
的教育对生命虽有关注，但"尚未成功"。从中华人民共和国
成立至改革开放后，教育一面因袭传统，一面承受着现代性的
侵袭。这导致教育中的问题纷繁复杂，其根本表现是教育无法
改变长期应试教育的局面，致力于塑造"知识人"。

肇始于 14 世纪欧洲的文艺复兴将人从神的统治下解放出
来。然而，进入 16 世纪，人开始不知不觉地为自己精心打造
着另一副枷锁。16、17 世纪，近代科学诞生。自然科学经历
了哥白尼革命，物理学、化学和生命科学获得极大发展。经历

---

❶ 威廉·巴雷特. 非理性的人 ［M］. 段德智，译. 上海：上海译文出版社，
2007：268.

了 18 世纪的技术革命和理性启蒙、19 世纪古典科学的全面发展，科学逐渐技术化和社会化。与之相应，在培根"知识就是力量"的号角声中，在笛卡尔所确立的主客二分的认识论基础上，科学主义"君临天下"，理性主义几近癫狂。人生存的意义遭到遮蔽，人的整体性遭到分裂，人陷入客体化的泥潭而不能自拔，人成为"单向度的人"。教育作为社会的重要系统，也理所当然地表征着生命的客体化。在纯粹认知的和抽象逻辑的知识中，在讲求经济、效率、秩序的技术理性规训的遮蔽下，生命的意义、丰富性渐渐被排斥在主流的教育理论话语之外。与此同时，政治、经济、社会等外在于教育的异在力量人为地强行介入。这样，教育为"人"而存在，并作为生命自然舒展的具体教育形式就更加难觅其踪了。

在科学主义和理性主义不断膨胀的情况下，19、20 世纪产生了不同的理论，代表性的有生命哲学、存在主义和人本主义。这些理论分别从不同的视角对"人"给予深切的关注，对科学主义和理性主义进行批判，并提出各自的教育主张。

生命哲学主要指西方关于人的生命的价值和意义的学说。其发展大致分两个时期：一是 19 世纪前后的生命哲学，代表人物有莫里斯（K. F. Morris）和施莱格尔（F. Schlegel）等；二是 20 世纪前后的生命哲学，代表人物有狄尔泰（W. Dilthy）、西美尔（G. Simmell）和奥伊肯（R. Eucken）等。生命哲学认为实证主义只适合自然世界的研究，而生命属于人文世界。在这个世界中，以体验、表达和理解为标准。生命哲学企图把"人"从"科学"的认识论中解放出来。在生命哲学的基础上，诞生了文化教育学。它批判18世纪以赫尔巴特和斯宾塞等为代表的教育学，认为这种教育学是"一种热衷于追求抽象的和普遍有效的理论，肆意强行作用于充满生命意味的社会历史秩序"，是一种"没有人的教育学"。❶它批判这种教育学把教学的过程当作知识授受的过程；是教育者对受教育者进行单向灌输的过程，是受教育者对知识进行"无错误的复述"的过程。它强调教学的过程是师生对文本的理解过程，是生命间交流与融合的过程；教育的任务不在于"给予"知识，而在于"唤醒"，即唤醒学习者生命的潜能，解放人。

存在主义哲学的思想可以溯源到克尔凯郭尔和尼采等人。但作为一种重要的哲学流派，则成熟于两次世界大战前后。其中的代表人物有主张无神论的萨特等，还包括主张有神论的雅斯贝尔斯、马丁·布伯等。这一派哲学主要以"人"为关注的焦点。他们的哲学关注"人"作为存在的自由、超越性和整体性等问题。具体到教育中，其理念大致可概括为几点：（1）教育目的是否彰显了自由思想？（2）教育过程是否有益于学生认识自我，激发自我意识的觉醒？（3）教育内容是否体现了人、自然与社会"共在"这一理念？（4）教育者是否对学生的自由探索与创造给以积极引导和鼓励？（5）教育活动是否具有开放性，为学生自主成长提供充分的空间与时间？（6）教育

---

❶　转引自：邹进. 现代德国文化教育学［M］. 太原：山西教育出版社，1992：46.

是否为学生自由地建构其生活世界提供了丰富的学习资源？
（7）学生作为学习者，是否能够自由探索人类的知识？（8）教
育是否鼓励学生自主地追寻、建构真正的自我？这一流派的教
育理念旨在免除科学主义盛行所造成的教育工具化、疏离化、
技术化和强迫化的行为和现象，而凸显师生作为存在的自由、
超越性和整体性。

文化教育学和存在主义教育思想发生在德、法等国，
而人本主义教育诞生在 20 世纪的美国。它是对主知主义
（以布鲁纳的结构主义为代表）和行为主义（以斯金纳的程
序教学为代表）的反动。主知主义忽视人的情感。行为主
义注重学生如何高效地获取知识，突出了程序的机械性，而
无视人的能动性、创造性和个体性。人本主义教育以人本
主义心理学为基础，转换了主知主义教育和行为主义教育
的思路。它在承认理性地位的同时，强调情感的作用，从
而把生命看作统一的整体。它强调人的潜力发展的可能，
认为人都有自我实现的本能。在此基础上，罗杰斯提出了
"非指导性教学"。它主要包含四个要素：一是学习具有个
人参与的性质，即整个人（包括情感与认知）都投入学习
活动；二是学习是自我发起的；三是学习是渗透性的，它会
使学生的行为、态度，乃至个性都发生变化；四是学习是
由学生自我评价的，因为学生最清楚这种学习是否满足自
己的需要。❶

---

❶ 施良方，崔允漷. 教学理论：课堂教学的原理、策略与研究［M］. 上海：华
东师范大学出版社，2009：68–69.

在科学主义与理性主义甚嚣尘上的时刻，西方国家对现代性及其教育问题进行了深刻的批判，提出了一系列的理论主张。这帮助我们拓宽了研究视野，也为我们的研究提供了丰富的理论资源。

我们的研究将在前面学者铺好的路基上继续前行。一方面，已有研究为我们拓展了研究视野，指明了研究路向。西方国家是现代化的先行者。因此，他们首先遭遇了诸多现代性问题。这些国家对教育中生命问题的关注也较早，以生命哲学、存在主义哲学和人本主义心理学为基础，理论界形成了文化教育学、存在主义教育思想和人本主义教育思想。这些流派和思想不但为教育中生命问题研究提供了理论支持，而且有力地扭转了教育中生命异化的局面。与西方国家相比，我们是"后知后觉"。因传统教育中塑造的"社会人"，近代启蒙运动的不彻底，改革开放后塑造的"知识人"等因素，教育似乎更加遗忘了作为存在的"人"。20世纪90年代以来，学界展开了生命与教育关系的研究。这些研究在教育生命取向的价值辩护、理论基础、本质关联和实践探索等各领域广泛而深入地展开。这一研究取向正吸引越来越多的理论工作者和实践工作者，并日趋繁荣。我们坚信，教育与生命的相关研究与实践必将呈现蓬勃发展之势，写下这个时代的"人"的教育学，并有力地扭转当下教育中长期存在的不利局面。

另一方面，已有研究也是我们深入研究的基础和出发点。西方的文化教育学、存在主义教育思想和人本主义教育思想，国内研究者提出的"生存论"主张，都为我们的深入研究提供了丰富的理论资源。有关教育的生命取向、生命与教育的内在关系、生命在教育实践中的遭遇等实践问题也成为我们深入研究的起点。

（二）对已有研究的拓展

然而，因为哲学持久而深刻的影响，在教育的理论与实践中，生命的主体假设长期占据着主导地位。自20世纪80年代以来，教育理论研究中有一股热潮，就是教育主体研究。这一研究持续至今，余绪未断。同时，讨论中形成的各种观点既互有借鉴，又针锋相对。于是，哲学中的主体理论在教育研究领域根深蒂固，并成为深入研究的理论基础。这样，教育研究中的主体理论开始进入教育实践，并长期指导着教育实践。同时，现代社会是一定意义上的主体主义社会。主体主义的理念"润物细无声"，悄然地影响着每一个现代人的思维方式。这不断加固着教育实践中的主体假设理念。然而，当我们沉思生命、沉思教育中的生命时，我们会发出疑问：在教育研究中生命的"主体"假设是否存在问题？在教育实践中生命的"主体"假设又存在哪些问题？已有的研究还没有做出切实的回答，而这就成为我们研究的起点。

这一研究既具理论意义，又有实践价值。研究有助于我们重新审视教育理论中主体假设的边界和局限，重新省思教育理论中主体假设的研究取向。研究有助于我们重新考察教育实践中主体假设的利与弊，重新理解教育实践中存在的一些根源性问题。

二、研究的问题

概而言之，我们探讨的问题是教育"主体"假设理论及其在相应的教育实践中存在的问题。更为准确地说，探讨的问题主要涉及教学中的三个基本构成要素：教师、学生和知识。因此，探讨的问题更主要地集中在教学论域之中。

（一）问题提出的教育情境

20 世纪后期，知识社会初见端倪。如今，知识社会仍在建构之中。这一判断的根据主要有：一是在实践中，构建学习型社会。学习型社会所要应对的是什么呢？说到底，就是知识的生产、传承、分配和消费的问题。二是在理论上，倡导终身学习。终身学习意味着什么呢？意味着学习知识成为个体的基本生存方式。

正是基于上述背景，教育与教育学都在一定程度上成为知识教育和知识教育之"学"。在教育实践中，从某种程度上而言，学校教育已经演化为知识教育。学校教育中的管理、教学等一切工作都围绕知识教育展开。在教育研究领域，知识话语日益勃兴。在概念上出现了"教育知识""课程知识""教学知识"等。在研究取向上主要出现了两大潮流：一是认识论意义上的。这类研究主要探讨知识的性质，如客观性与主观性、中立性与非中立性、普遍性与地域性等；研究知识的类型，如缄默知识与显性知识、外域知识与本土知识、科学知识与人文知识等；研究知识的增长方式，如自然知识的线性增长与人文知识的螺旋增长等。在基于上述探讨的情况下，这一研究热衷于考察学校教育如何面对知识的问题。二是价值论意义上的。这主要是在全球化趋势下、在文化多元理念的倡导下而出现的知识研究上的"显学"。这类研究主要探讨哪种知识对谁有用、哪些知识有资格进入课程、进入课程的知识如何进行教学等。与上述教育中知识的认识论意义上的研究和价值论意义上的研究形成鲜明对比的是，知识的存在论意义上的研究的冷落。上述的两种知识研究具有重要的意义，然而更为根本的问题是知识的归属问题。知识是人生产的，归根结底也是要服务于人的。知识具有"属人"性。因此，教育中，知识的存在论意义上的研究显得格外紧迫和重要。

诚如前面我们指出的，"为人寻根的活动"已经成为现代社会的主要潮流，而在现代社会，知识已经成为人的生存方式。那么，人的知识命运就成为研究者关注的焦点问题。在现代社会，学校教育已经在一定程度上演化为知识教育。因此，与生命作为"主体"相对立，学校教育中的知识已经成为"客体"。

（二）问题研究的具体阐释

在学校教育中，教育活动的要素主要包括教师、学生和教育资源。这里，我们将教育资源理解为教师与学生进行教育活动的客观媒介。这些媒介包括教育内容、教育形式、教育方法和教育手段等，其中的核心是教育内容。当下，学校教育中的教育内容主要以学科课程的形式体现出来，具体体现为学科知识与教学活动。

教学活动主要是师生以学生有待学习的知识为对象而展开的活动。因此，知识与教师和学生之间的关系应该是教学实践中师生面对的最基本关系与核心矛盾。说它是最基本关系，是因为师生的活动主要是教与学活动，而其内容指向是知识。因此，知识构成了与师生最基本的关系。说它是核心矛盾，是因为师生的教与学的活动就是从未知走向已知的不断的建构活动。由已知向未知进军，再面对新的未知，这种已知与未知的矛盾运动就构成了教学活动的核心矛盾。

知识与学生之间的关系可以抽象概括为知识与存在的关系。从知识的定义来看，知识与存在是统一的。这种统一一方面表现为人之"在"作为本体论前提制约着"知"。这是因为，知识总是以存在的敞开为前提。知识作为一种认识成果，总是以人这个存在为起点。离开了人这个存在，知识便无从谈起。另一方面表现为"知"对存在本身的影响，即"知"首先融入人的存在过程，人在知识中敞亮生命。这可从两个方面来理解。一是人作为存在，知识成为人把握世界的方式，世界在知识中向人敞开。然而知识在不同的层面改变着人的存在。正向来看，不同的知识反映了知者与他者之间不同的交往方式，也反映了知者的存在方式。反过来说，在生活世界中，存在的不同样式，往往折射着不同的认识境界。二是从时间的维度来看，在知识与存在的双向互动中，人作为有限的存在者，人与知识的相互作用是连续的。知识可以使人持续地超越自身。人作为存在，在对知识的认知中，敞亮着生命的可能，由自在达到自为，并不断走向更完善的境界。由此看来，知识既扩展了人的存在，又深化了人的存在。知识是"知"与"在"的互融。

在教学实践中，一方面，学生制约着知识的呈现、教学与评价。这主要是因为不同的学生在知识的学习中存在差异，不同年龄阶段的学生在知识的学习中也存在差异。另一方面，知识在呈现、教学与评价中进入学生的视野，敞亮学生的生命。世界在知识中向学生敞开，知识成为学生认识世界和改造世界的方式，并因学生的个体差异而在不同层面改变着学生，折射着学生不同的境界。同时，在知识与学生的双向互动中，学生以知识为阶梯持续地超越着自身，敞亮着生命的可能，在把握知识和世界中扩展自己、提升自己。

总结以上分析，我们可以看出，知识与生命这一存在之间的关系是教学实践中的最基本关系。但是，在具体的教学实践中，生命往往被假设为"主体"。生命首先是作为"主体"在场的，而与之对应的是作为"客体"的知识。这样，生命与知识之间的关系就演变为"主体"与"客体"的关系。

三、概念的界定

我们的讨论将涉及诸多概念，如主体、客体、客体世界、存在、知识、确定性、不确定性等。"对象之概念，则因为其所授予者，可包括无数晦昧之表象（此等表象在吾人应用其概念时，虽常使用之，但在分析时，吾人多忽略之）。"❶ 因此，"概念之分析，其完全程度，常在可疑中，适切例证之多，亦仅足以使其完全程度成为大概正确，绝不能使之成为必然正确"❷。依康德之意见，或许至今还没有一个"必然正确"的概念，将其"所指"穷尽，以使所有人认同。尽管如此，我们还是要对一些概念进行界定，以为讨论之方便。在这里，我们仅就研究的主要概念逐一界定，而其他次要概念只在出现时作出界定。

（一）教学主体与客体

1. 教学主体

"主体"（英文为 subject，德文为 subjectum）一词是从希腊文"根据"（hypoke jmenon）翻译过来的，特指"眼前现成的东西"，是一个存在论意义上的概念。余源培主编的《哲学辞典》中对"主体"的定义是："主体指实践活动和认识活动的承担者。"❸ 这个承担者就是"人"。问题由此产生，主体何以由"眼前现成的东西"而转变为专指"人"这一存在者？而且成为认识论意义上的概念了？

事实上，"主体"最初与"人"没有什么关系，同"自我"更无任何关联。而且，它是在存在论的意义上被使用的。古希腊时期，亚里士多德更多的是在存在论的意义上使用"主体"

---

❶ 康德. 纯粹理性批判［M］. 蓝公武，译. 北京：商务印书馆，2005：511.
❷ 康德. 纯粹理性批判［M］. 蓝公武，译. 北京：商务印书馆，2005：511.
❸ 余源培. 哲学辞典［Z］. 上海：上海辞书出版社，2007：18.

这一概念，用它表示直观的对象，即某些属性、状况和作用的承担者。近代以前，"主体"这一概念几乎一直都在存在论的意义上被使用，而且它不单单指人，一草一木乃至一块石头都可以称作主体。也是在这个意义上，黑格尔指出，实体不应单单当作实体来看待，更应当作主体来看待。

近代以后，"人"在"在世之在"中逐渐得以凸显，被宣称为"万物的灵长"。"主体"这个名称和概念开始被赋予新的内涵和历史命运，用以专指"人"。这里的"人"既是个体意义上的，也是群体意义上的，还是整体意义上的。于是，"人"开始成为唯一的真正的主体，处于一切存在者的中心，成为一切存在者的存在方式和真理基础。这样，"主体"在"在世之在"中被凸显出来，而"主体"这一概念也开始在认识论的意义上被使用。由此，现代性的本质——主体性形而上学终于确立起来了。❶这种确立自有其积极的意义。这意味着真正意义上的"人"的诞生，意味着"人"从"在世之在"中将自己提升出来，从自然的、野蛮的状态而进入社会的、文化的状态。

当然，"主体"这一概念也在存在论的意义上被使用，但这只是偶然的现象。如马克思和恩格斯在《神圣家族》一书中曾写道："物体、存在、实体是同一种实在的观念。决不可以把思维同那思维着的物质分开。物质是一切变化的主体。"❷在

❶　李智. 论海德格尔的现代性批判：另一种后现代主义［M］. 北京：首都师范大学出版社，2003：35.

❷　马克思，恩格斯. 神圣家族［M］// 马克思恩格斯全集：第2卷. 北京：人民出版社，2003：164.

这里，物质作为主体，是指它是一切变化的承担者。这里的主体相当于实体、存在等概念，是在存在论的意义上被使用的，而不是认识论中与客体相对应的主体概念。

20 世纪 80 年代之后，作为哲学概念，主体逐渐进入教育学领域。在教学实践中，主体主要指教学活动中的师生。我们将其称为教学主体。

2. 教学客体

客体，与"主体"相对，"指主体实践活动和认识活动的对象"❶。自 17 世纪开始，二者作为一对范畴为学者运用。康德、黑格尔等人对此都有重要论述。该词英文为 object，它来自拉丁词 objectum，意即眼下就抛到或摆在面前（before-hence）的东西。因此，它是一种必须加以征服，进行操纵和改变的障碍。人支配着存在物，却忘记了存在，忘记了这个由主体和客体两者共同支撑着因而不能分开的开放域。❷

在前面论述的基础上，我们认为，学校教育主要体现为知识教学。在主客二分的认识论理念的指导下，知识已经变成作为主体的师生有待认识的客体。

（二）存在

"存在"是研究中的另一主要概念。行文中的"存在"含义有二：一是专指人生之"在"（师生，existence）。不用

---

❶ 余源培. 哲学辞典［Z］. 上海：上海辞书出版社，2007：18.
❷ 威廉·巴雷特. 非理性的人［M］. 段德智，译. 上海：上海译文出版社，2007：248.

"人"或"生命"这样的概念，一则因为我们以时间的维度理解"人"或"生命"。"人"或"存在者"是有限的存在，本质上是一种过程。而"存在"表达了"有限"和"过程"这样的含义。这可从词源学得到佐证。存在，德语为 existenz。前缀 Ex– 在德语中是"超越""向外""出"之意，"超越"意味着"依靠自身""自我挺立"，"向外"是指由内向外的意向性，"出"表示"出"的持续。词干 –ist 表示"站起来"。该词所蕴含的是"凭靠自身力量站起来"的尚未完结的"过程"。"我们存在着，如果从词源学上来看待存在这个词的话，其意思就是，我们站在我们自己之外，一方面对存在展开，同时又处于存在的开阔的垦殖地里。"❶ "'人''本身'并非'人'之抽象概念，而是'人'之'存在'，'人'之'存在'大于、寿于、强于'人'作为'诸存在者'之一种。"❷ 因此，我们以"存在"专指"人"（师生）。二则我们"避免用'生命'和'人'这样的表达，是因为这些表达掩盖了对有意识的存在的意义这个问题"❸。

　　二是存在论意义上使用的"存在"。ontology 翻译成中文，有的译成"有论"，有的译成"是论"，有的译成"存在论"。诸多译法至今未能统一，但所指大致趋同。按照"是论"的译法来说较为方便。ontology 是研究"是"与"所是"之间的关

---

❶ 威廉·巴雷特. 非理性的人［M］. 段德智，译. 上海：上海译文出版社，2007：243.

❷ 叶秀山. 哲学要义［M］. 北京：世界图书出版公司，2006：212.

❸ 费迪南·费尔曼. 生命哲学［M］. 李健鸣，译. 北京：华夏出版社，2000：166.

系的，而万物都是"所是"。在这里，存在的第二个含义就是指存在论意义上的"有"或"是"。

（三）知识

"什么是知识"，也就是定义"知识"这一概念，属于知识论问题。知识论探讨知识的概念、性质和对象等问题。这些是关于知识的"元"问题。就"知识"概念而言，它不同于知识本身。概念是思维的最基本单位，是内在于人的思维之中的，知识却并不必然是内在的。进入知识论的范畴分析"知识"的概念，有助于我们把握知识的本质，尽管这是复杂而困难的。

说它复杂而困难，是因为知识论是一门十分古老的学问，可以追溯到古希腊时代。而"知识"的概念是知识论中最基本的问题，其他问题由此衍生。最基本的问题常常是最难的问题，同时也可能是争论最多的问题。历史上每一个有创见的哲学家几乎都在这个问题上花费过心思，都尝试提出自己的理解和观点。

苏格拉底似乎是第一位真正把知识论看作哲学主要内容之一的哲学家，是知识论这一学科的奠基者。他有关"什么是知识"的讨论主要记载在《柏拉图对话集》中，其中的《美诺篇》和《泰阿泰德篇》相对集中地对知识的概念进行了探讨。

《美诺篇》一开始探讨什么是美德，美德是否可教的问题。而美德是否可教的讨论就逐渐转向什么是知识的问题。首先，苏格拉底告诉美诺，真实的意见与知识在实用方面具有同样的指导作用。接着，苏格拉底指出，真实的意见需要理性帮忙。

这里，苏格拉底指出了知识概念应该包括的三个成分：一是真，二是意见或信念，三是理性的解释。

《泰阿泰德篇》的讨论主要在苏格拉底和泰阿泰德之间展开，讨论的主题就是"什么是知识"，因此，什么是知识的问题又常常被称为"泰阿泰德问题"。讨论一开始，泰阿泰德说：就我现在的理解来说，知识无非就是感觉。在苏格拉底的启发下，泰阿泰德又把知识定义为真实的判断。而在苏格拉底连续的反驳中，泰阿泰德最后提出知识就是真正的信念。❶尽管《泰阿泰德篇》最终没有给出知识的完整定义，但是已经指出了构成知识的两个条件：真实和信念。

关于知识概念的构成条件，《美诺篇》和《泰阿泰德篇》中提出的真和信念这两个条件得到了后来哲学家的广泛认同。哲学家大都认为，信念是知识的第一个条件。这就是说，知识一定是信念。任何知识必须能够为认识主体所把握，相信这个事实。这意味着信念是知识的必要条件，却不是充分条件。也就是说，没有信念就没有知识，但是有了信念，却不一定有知识。另外，这里的信念不是纯粹主观的信念，而是与认识客体密切关联的那些信念。

真或真实是知识的第二个条件。上面我们说知识是信念，但不是所有的信念都是知识。这是因为信念有真实和虚假之别。几乎所有的哲学家都认为，只有真的信念才有可能成为知识，而虚假的信念绝不可能成为知识。这是因为真的信念必须

---

❶ 柏拉图. 柏拉图全集：第 2 卷［M］. 王晓朝，译. 北京：人民出版社，2000：664.

要指向一个客观事实，也就是说，信念的真意味着信念与外在世界的信念对象一致或符合，而虚假的信念却没有一个信念对象与其一致或符合，但是仅仅具备信念与真这两个条件还不一定成为知识。

古希腊之后的哲学家大都认为知识还需要具备另一个条件：证实。证实是说如果某一信念为真，那么信念的拥有者必须要有充分的理由或根据。这里的理由或根据是指信念是否有一外在对象与其相符合。如果有一客观对象相符合，我们就可以说信念得到了证实。因此，证实是指信念与外在客观事实之间的符合关系。有关证实的理论发展为三种代表性的理论：第一种是基础主义的证实理论，其主要观点为证实需要基本信念。它是证实其他信念的证据，而基本信念是知觉。其代表人物有托马斯·阿奎那、笛卡尔、洛克和罗素等人。第二种是连贯论。这种理论认为，证实是信念和信念之间的和谐一致的关系及其彼此支持的方式，而不是基本信念与其他信念之间的关系。其代表人物有黑格尔和奎因等。第三种是外在主义。这种理论既反对基础主义，又反对连贯论。他们认为，知识只是信念与实在之间的某种关系。其代表人物有阿姆斯特朗和德鲁茨克等人。

综上所述，我们可以看到，知识的构成包含三个条件：一是信念，二是真实，三是可证实。

但是，历史上也有哲学家曾对知识的这一定义提出过挑战。这个人是爱德蒙·盖特尔（Edmund L. Gettier）。他在1963年发表了一篇题为《证实了真的信念是知识吗？》的文章。盖特尔认为传统的知识定义是不够充分的，并举出了两个例证。对于盖特尔的挑战，尽管哲学界褒贬不一，但是，绝不能忽略。然而，盖特尔的挑战还不能从根本上动摇知识的传统定义。因此，我们还是从上述三个条件出发，理解知识的概念。

知识构成的三个条件实际上也确定了知识的构成要素：

一是知识的拥有者，即认识主体。这是因为任何信念都必须为一定的主体所把握。离开了主体，便无所谓信念。

二是知识对象，即客观对象，或称为认识对象。知识是可证实的、真的。它们都指向客观对象本身。离开了客观对象，便无所谓可证实和真。

这两个要素与知识一起构成了三个基本关系：

一是知识与认识主体的关系。

二是知识与知识对象的关系。

三是认识主体与知识对象之间的关系。

知识类型是研究知识的主要门径之一。许多哲学家都试图对知识进行分类。柏拉图、康德等人是对知识进行分类的先行者。后来的孔德从人类心智发展历史的角度，将知识划分为宗教知识、形而上学知识和实证知识。罗素将知识划分为事物的知识与人的知识。舍勒将知识分为拯救的知识、文化的知识和实践的知识。哈贝马斯将知识分为劳动—控制—经验性知识、沟通—意义理解—历史性知识、支配—解放—判断性知识。

在教育教学领域，主要按知识的对象来分类。有学者认为，"自然知识"主要反映的是人们对"自然世界"的认识；"社会知识"主要反映的是人们对"社会世界"的认识；"人文知识"主要反映的就是人们对于"人文世界"的认识。❶

一般认为，自然知识（natural knowledge）的对象是自然，因此，自然知识是关于客体的知识。就其性质而言，自然知识是客观性和普适性的。它的增长方式是康德所说的"知识的序列"，或者如波普尔所描述的"进化论"的。就知识的检验或辩护而言，自然知识诉诸"客体"的证明或证伪。

社会知识（social knowledge）的对象是社会，它的知识是价值性和规约性知识。就性质而言，它具有鲜明的文化性。就增长方式而言，它是一种断续性知识。就知识的检验或辩护方式而言，社会知识诉诸社会的证实或证伪。

人文知识（human knowledge）的对象是人，它是关于存在自身的知识。它具有鲜明的主观性和个体性。就增长方式而言，它是一种"反刍"的知识。就知识的检验方式而言，人文知识诉诸个人的证实或证伪。

这里，我们主要采用比较普遍的认同标准，进而分析教育教学领域中的自然知识、社会知识和人文知识。

四、什么知识最有价值

价值是一种判断，就是判断外物对人的需要的满足程度。人总是在一定的时间和空间中的存在。时间和空间不同，人的

---

❶ 石中英. 知识转型与教育改革［M］. 北京：教育科学出版社，2001：280.

需要也会有所差异。因此，判断什么知识最有价值，从根本上而言，就是要从人存在的具体的时间和空间出发进行判断。

（一）已有的追问

讨论知识的价值问题，首先需要提及的是斯宾塞。"什么知识最有价值？"斯宾塞（H. Spencer）在1895年的论文中使得这个问题著名于世。但从正规学校教育开始以来，教育家就一直在思考这个问题。这是由于如下几个理由：第一，人的生活有多方面的价值，而这些价值并不总是调和的；第二，正规学校教育只能投入有限的时间和财力，因而必须做多种选择。而且教育家总是意识到：学校教育中的各种错误并不容易纠正。正如车子的轮胎磨损了，车子再倒回去并不能使得轮胎复原一样，学生不能随意摆脱所受教育的影响。❶

在斯宾塞看来，自然科学的知识最有价值。在同古典主义教育争论的过程中，斯宾塞提出知识的比较价值问题。他说："至关重要的问题并不在于这个那个知识有无价值的问题，而在于它的比较价值。"❷ 根据知识比较价值的标准，斯宾塞指出："什么知识最有价值？一致的答案就是科学。这是从所有各方面得来的结论。为了直接保全自己或是维护生命和健康，最重要的知识是科学。为了那个叫作谋生的间接保全自己，有最大价值的知识是科学。为了正当地完成父母的职责，正确指导的

---

❶ 布劳迪. 什么知识最有价值［C］//瞿葆奎. 教育学文集·智育. 北京：人民教育出版社，1999：197.

❷ 赫·斯宾塞. 教育论［M］. 胡毅，译. 北京：人民教育出版社，1962：5.

是科学。为了解释过去和现在国家生活，使每个公民能合理地调节他的行为所必需的不可缺少的钥匙是科学。同样，为了各种艺术的完美创作和最高欣赏所需要的准备也是科学。而为了智慧、道德、宗教训练的目的，最有效的学习还是科学。"❶ 为此，他根据"教育预备说"和"科学知识最有价值"的观点，制定了一个以科学知识为核心的课程体系。这个课程体系共包括五个部分，前两个部分都是有关自然科学知识的课程，其中几乎涵盖了当时所有自然科学知识的范围。后面的部分只列举了很小一部分社会知识和人文知识课程。斯宾塞还指出，后面其他部分应该服从自然科学知识的教育。

在布劳迪看来，最有价值的知识不是"市场告诉我们（包括青少年）哪种知识最有价值"，而是那些在毕业后对"各种生活情境帮助最大的""基本粮食"——普通教育课程——的知识。在对这种"知识的联想性和解释性的使用"中，"可以使知识变得不仅从长远来看而且从近期来看，不仅对力争成熟的青少年而且对有时间反省其生活经历的退休者，都最有价值。它有价值，并不是因为它得到社会英才的推崇，也不是因为它在这种文化里的成功历程中会获得直接的职业报偿，而是因为这种构建情境的知识（context-building knowledge）赋予我们在工作中、在投票站、在家中做事、思考和感受的一切事物以形式。这就是有教养的心智的形式"❷。

---

❶ 赫·斯宾塞. 教育论［M］. 胡毅，译. 北京：人民教育出版社，1962：43.
❷ 布劳迪. 什么知识最有价值［C］// 瞿葆奎. 教育学文集·智育. 北京：人民教育出版社，1999：206.

什么知识最有价值？这不是一个概括的、抽象的问题，而是一个具体的情境性问题，需要在时间和空间中加以解读。

16、17 世纪，近代科学诞生。经历了 18 世纪的技术革命和理性启蒙、19 世纪古典科学的全面发展，科学逐渐技术化和社会化。而社会化的标志之一就是，自然科学逐渐成为社会生活的必需，科学知识和自然科学教育已经成为时代的精神，自然科学知识逐步在学校教育课程中占据重要的位置。因此，推进整个欧美国家实现自然科学知识走进学校教育，已经成为时代潮流。斯宾塞正是在同古典主义教育的斗争中倡导并确立了自然科学知识在学校教育中的地位。与其说斯宾塞推动自然科学知识在学校的普及，不如说在 18 世纪英国走上工业化道路的过程中，斯宾塞是教育领域的鼓动者和代言人。

布劳迪反对按市场需要确定知识的价值，恰恰是自然科学知识高歌猛进一个多世纪以后，指出了 20 世纪 80 年代的美国过分职业化、技术化和专业化的教育弊端。而他从人文主义的视角提出了什么知识最有价值，这就是"有教养"的"普通教育课程"知识。我们似乎可以理解为这也是从知识的比较价值出发，提出了什么知识最有价值。

（二）我们的追问

今天，在我们的学校教育教学实践中，什么知识最有价值？这似乎首先也要从当下特定的时间和空间来理解。

1. 当下人存在的特定时间和空间

今天，二三十岁的年轻人在接受了良好的学校教育，掌握了一定的知识后走上社会。"经过艰苦奋斗，种种'机缘汇合'，不断扩大自己的事业，在社会上或许成了'成功人士'；此时这位人士如何对待自己，如何对待社会，仍会成为一个'问题'，这个问题，甚至犹如刚刚'涉世'时同样的'大'，甚至更加尖锐，仍是一个尖锐的'大问题'。何谓'大问题'？所谓'大问题'当是'生死存亡'的问题，即'存在—非（不）存在'的问题。'成功人士'仍然面对着'to be or not to be'（生死存亡）的问题，此话并非危言耸听。"**❶** "如果在'涉世'之后，沉溺于'声色货利'之中，'随波逐流'，或可'保持''名位'、'利益'，但'遗忘—丧失'了'自己—自由'，到头来那些'名—利'原本不是'自己—自由'，原本不是'我'。此时'名—利'皆为'我—自己—自由'的'羁绊'。"**❷**

在这里，集中表达的是在工业化道路上，因开发自然的需要、社会发展的需要，学校教育教学给予青年人的几乎完全是自然知识和社会知识，而人文知识则相对匮乏。这导致了对"我"及"自由"的遗忘。存在被遗忘，并成为人面对的最尖锐的问题。

这个问题的由来需要从中国的发展背景来理解，一方面是由历史传统决定的。中国传统的农业社会是"以社会为本"的社会。从文化学的角度来看，一个突出的表征就是它的伦理文化。"中国自有孔子以来，便受其影响，走上以道德代宗教之

---

❶ 叶秀山. 哲学要义［M］. 北京：世界图书出版公司，2006：208.
❷ 叶秀山. 哲学要义［M］. 北京：世界图书出版公司，2006：209.

路。"❶这种道德观念不仅贯穿整个社会，而且也将自然纳入道德体系之中。人的"德"出于天地自然，人与天地自然可以"合其德"。北宋哲学家张载曾精辟地论述："乾称父，坤称母；予兹藐焉，乃混然中处。故天地之塞吾其体；天地之帅吾其性。民吾同胞，物吾与也。"(《正蒙·乾称篇》)在这里，把天地看作父母，把百姓看作兄弟，把万物看作朋友。也就是说，把人伦的观念贯彻到天地万物之中，典型地代表了中国文化的伦理型特色。中国的伦理文化在社会与个体的关系上，强调"修己以安人"。"修己"即自我的涵养，"安人"则是社会整体的稳定和发展。道德关系上的自我完善("为己")最终是为了实现广义的社会价值。儒家的这种价值导向作为文化主流得到了其他学说的广泛支持。墨家提出"尚同"，其核心是下同于上："上之所是，必皆是之；所非，必皆非之。"(《墨子·尚同上》)法家强调君主是整体的化身和最高象征，而个体则总是离心于整体："匹夫有私便，人主有公利。"(《韩非子·八说》)于是在整体优先的驱动下，法家主张"以法废私"，个体言行"必轨于法"。在中国文化的发展中，虽然道家较多地关注了个体，但是儒家的群体原则逐渐与墨家的"尚同"观念、法家的"废私"主张等相融合，并不断强化，取得了绝对的支配地位。在群体至上的观念下，个体的存在价值、个性的多样性都消融在群体的笼罩之下，并被最终消解。这时的学校里传授的知识便是以修己、安人为核心，配合社会的发展要求。这样，社会知识就成为学校教育中的"显学"。

---

❶ 梁漱溟. 中国文化要义 [M]. 上海：上海人民出版社，2003：125.

另一方面是由中国的工业化道路决定的。中国由农业社会进入工业社会，是在民族危机的背景下"师夷长技"而蹒跚起步的。历经民族独立、中华人民共和国成立后的曲折之路，而跌跌跄跄地走在工业化之路上。几经曲折，进入 20 世纪 80 年代，迅速发展的工业社会在深入自然中攫取以推动社会快速发展的同时，不自觉地实现了"以自然为本"。在学校教育教学活动中，自然知识成为"显学"。自然科学知识取得了学校教育教学中知识家族的统治地位，其他知识的呈现受制于自然科学知识的呈现，教学及评价也完全受制于自然科学知识的教学与评价。这样，自然知识也成为"显学"。

与西方国家不同的是，西方国家在由农业社会走向工业社会的进程中，经历了启蒙运动。启蒙运动不只是推进了西方资本主义的发展，而且是在更一般的意义上促进了西方"人"的觉醒，"人"的"觉解"。而中国的近代社会虽然经历了新文化运动，倡导人性的觉醒、个性的解放、人格的独立，但是在"以社会为本"和"以自然为本"的时代浪潮中，"人"面临着被更加"深沉"地"遗忘"的风险。

2. 从知识对象看什么知识最有价值

从根本上而言，知识的价值是由人的需要决定的。同时，它也可以知识的对象作为参考。下面，我们从知识对象的角度来考察一番。

从知识的对象上来看，人作为存在，无论是在存在者的层次上还是在存在论的层次上都具有基础和优先的地位。海德格尔在颠覆传统存在论的基础上，提出了基础存在论。传统存在论关注理念、实体、绝对精神等，而海德格尔却由对外在的关注转向此在。

那么，什么是"此在"呢？在存在论中处于怎样的地位呢？"此在"（Dasein）是海德格尔的提法，意为"存在于此"，专门指称人这样的存在者。这个存在者是具体的、可感的，而不是抽象的存在者或抽象的人。其主要特征有：

> 此在的"本质"在于他的存在。这个存在者在其存在中对之有所作为的那个存在，总是我的存在。[1]

第一条说明人是这样的存在者，他的本质与其他存在物的本质不同。其他存在物的本质是固定的，不变化的，而人的本质是由他的存在过程决定的。因此，人的本质是动态生成的、是可能性的存在。这个动态的、可能性的存在就是一个自我"开显"的存在。这个"开显"是在与"上手事物"打交道的过程中生成的。存在决定本质。

第二条说明每一个人都是一个存在者，而不是一个类属。这与其他存在物截然不同。人就是这样的存在者，除存在之外，"此在"一无所有。"人"是生物学意义上的属的概念，但"此在"没有种属。从存在论的角度看，"此在"不是人类的一员，只是"我是""你是"。每一个"此在"都是一个单独的自我。

---

[1] 海德格尔. 存在与时间［M］.陈嘉映，王庆节，译. 北京：生活·读书·新知三联书店，2008：49-50.

在海德格尔那里，"此在"是存在论的出发点。他从对人的存在的分析将存在与存在物沟通起来。因此，"此在"是对一切存在物的存在进行存在论分析的起点，是存在论的基础与入门，因此被称作基础本体论。具体说来，存在论的出发点不能是任何一种存在物，而必须是这样的存在物，它的存在是其他存在物的存在的基础，因此，对于它的分析能够导致对一般存在的把握。人就是这样的存在物。因为只有通过人的存在，其他事物才能得以显示自己，人的存在是其他事物存在的先决条件。❶

其他一切存在者必须从"此在"中加以把握。其他一切存在论所源出的基础存在论必须在对此在的生存论分析中寻找。由此可见，同其他一切存在者相比，此在具有几层优先地位。第一层是存在者层次上的优先地位：这种存在者在它的存在中是通过生存得到规定的。第二层是存在论上的优先地位：此在由于以生存为其规定性，故就它本身而言就是"存在论"的。作为生存之领会的受托者，此在却又同样源始地包含其有对一切非此在式的存在者的存在的领会。因而此在的第三层优先地位就在于：它是使一切存在论在存在者层次上及存在论上都得以可能的条件。❷

海德格尔还以"生存"的眼光将人这个存在从一切存在者中突显出来。"以生存方式存在的存在者乃是人。唯独人才生

❶ 赵敦华. 现代西方哲学新编［M］.北京：北京大学出版社，2004：106.
❷ 海德格尔. 存在与时间［M］.陈嘉映、王庆节，译. 北京：生活·读书·新知三联书店，2008：16.

存。岩石存在，但它并不生存。树木存在，但它并不生存。马存在，但它并不生存。天使存在，但它并不生存。上帝存在，但它并不生存。'唯独人才生存'，这个句子绝不意味着：只有人才是一个现实的存在者，而其他一切存在者都是不现实的，只不过是一种假象或者人的表象。'人生存'这句话的意思是：人是这样一个存在者，这个存在者的存在是通过在存在之无蔽状态中的保持着开放的内立——从存在而来——在存在中显突出来的。"❶

人作为存在具有如此的基础和优先的地位，这使得以此在为对象的知识具有了基础性和优先性。存在主义哲学家雅斯贝尔斯突出地指出了这一点。雅斯贝尔斯从知识与"此在"关系的角度，将知识分为现行知识与原初知识。他说："如果将知识分类，则可分为现行知识与原初知识，原初知识赋予现行知识以本义。"❷他所指的原初知识就是关于此在的知识，以人为对象的知识。现行知识则可类似地理解为自然知识和社会知识的总和。从这里，我们可以看出，现行知识是原初知识的延伸，由原初知识而加以规定。这集中体现了以人为对象的知识在知识家族中的基础性和优先性地位。

---

❶　海德格尔. 路标［M］.孙周兴，译. 北京：商务印书馆，2007：442.

❷　雅斯贝尔斯. 什么是教育［M］.邹进，译. 北京：生活·读书·新知三联书店，1991：17.

第二章　教学主体的命运

主体哲学是人与万物关系的一种理念，是现代性的基础。在一定意义上，现代社会是"主体"的社会，"主体主义无孔不入，俯首可拾"❶。在教育领域，主体哲学作为一种教育理念，指导着教学实践。自 20 世纪 80 年代以来，主体哲学几乎已经成为教学理论与教学实践的普遍信念。本章主要考察教学实践中的两个问题：一是师生作为认识的主体被异化的问题，二是师生作为存在的主体被遮蔽与遗忘的问题。

在探讨这两个问题之前，我们首先需要探讨与主体相对立的客体。主体与客体是一对范畴，在相互对立中确定自己。因此，在探讨作为主体的师生之前，我们首先需要探讨教学实践中的客体问题。在教学实践中，学生被认为是学习的主体，学生学习的对象主要是知识。于是，有待学习的知识成为客体。这样，知识教学问题就成为我们探讨的首要问题。

---

❶ 劳伦斯·E．卡洪．现代性的困境：哲学、文化和反文化［M］．王志宏，译．北京：商务印书馆，2008：53.

一、知识教学：确定性的寻求

学生作为主体，知识作为有待认识的客体，这有着深厚的认识论假设。认识论将人视为一种认识着的东西而存在的，人的第一使命就是向他之外的客观世界索取种种知识。[1] 人的主要功能就是认识，而知识又被当作认识的唯一结果。于是，知识就成为有待占有和征服的对象，成为异于师生的客观存在。而知识本身虽然是确定性和不确定性的统一，但是在教学实践中，知识教学主要致力于确定性的寻求。

（一）知识的固有属性：确定性

从词源学来考察，汉语的"确定"一词主要含义有二：一是固定，二是肯定。"固定"一词的含义是使不移动，紧紧地保持在一定的位置上。"肯定"一词一是指对某物持确认的态度，与"否定"相对；二是指有把握、有信心、有理由确信。英语中表述"确定"与"确定性"的词都是 certainty。certainty 是 certain 的名词形式。certain 的含义是超出所有的怀疑，证明其存在或是真的；完全相信某事的真相（truth），没有怀疑。certainty 就是指确定的事物，处于确定的（certain）状态。将汉语和英语综合起来考察，"确定"是指事物的存在是不变的或是真的（truth），事物本身为认识者所相信和理解。"确定

---

[1] 俞吾金. 超越知识论：论西方哲学主导精神的根本转向［J］. 复旦学报（社会科学版），1989（4）：74-84.

性"就是指事物或过程具有"确定"的那样一种性质。

知识的确定性是指知识反映事物的"真"，并被认识者所相信和理解。也就是说，知识必须满足我们在第一章中对其进行界定时提及的三个条件：一是信念，二是真实，三是可证实。

传统哲学和传统经典科学主要证明了知识的确定性。在哲学中，传统知识论者一般都追求具有普遍必然性的确定性知识。古希腊哲学家确立了获取理想的确定性知识的认识模式，即从不证自明的公理出发并寻求演绎逻辑的论证而获得确定性知识。从米利都学派开始，包括毕达哥拉斯、苏格拉底、柏拉图，直到亚里士多德，都为这一认识模式作出了贡献。例如，在柏拉图看来，知识源于独立于时间和空间之外的理念世界，它是永恒的、确定不变的，而且只能为我们的理性所把握。这种知识观影响深远，为后来的笛卡尔、斯宾诺莎、莱布尼茨等所代表的理性主义者所继承。

在传统经典科学中，以牛顿力学为代表的经典自然科学曾为世人描绘了一幅确定性的世界图景，以至于那时的科学家认为，后来的科学研究只是对已有研究的修修补补，科学研究的主要领域和任务都已由他们完成了。以牛顿为典范而建立起了实证归纳的认识模式，即通过检验归纳获得确定性知识。确实，在传统经典科学的指导下，科学技术一路高歌猛进，并在19世纪后广泛应用于社会各个领域，日益改善着人们的生活。因此，客观世界的确定性、自然知识的确定性似乎成为人们的普遍信仰。乃至在量子力学出现之后，爱因斯坦还认为，客观世界是确定的，量子力学描述的不确定性是认识论问题，而不是本体论问题。他坚定地指出："这个方案不可能是自然的最终描述。"❶ 在与玻恩的论争中，爱因斯坦调侃说："你信仰玩骰子的上帝，我信仰规律在某种客观实在的世界里充分发挥的控制作用——这是我力图用奔放无羁的思辨去捕捉的。"❷ 于是，人们普遍认为世界是确定的，自然知识是确定性的。在这样的知识观笼罩下，自然知识的确定性成为普遍的信仰。

在知识家族中，经常的情况是，人们试图以一种知识的性质来代替其他知识的性质，试图用"知识的统一性"来取代"知识的多样性"，试图将不同类型的知识按照一个统一的标准排列成一个严格的等级，其中有的知识由于符合某一标准而高高在上，窃取了知识"帝王"宝座，统治着、压抑着其他类型的知识。其他的知识则成为"知识帝国"中的"下等人"，不能平等地分享知识的权力，处于一种边缘的位置，在很大程度上被剥夺了发展的空间。❸ 因此，当代的知识总体世界中各个组成部分按其重要性程度形成了"自然科学"—"社会科学"—"人文科学"的新秩序。❹ 于是，自然知识是确定性的，社会知识和人文知识也被规训为确定性的。

确定性知识具有三个特征：一是具有祛魅性。确定性知识是一种实证性知识，这种实证性知识可以得到经验的证实或证

---

❶ W.海森堡．物理学和哲学［M］.范岱年，译．北京：商务印书馆．1981：182.

❷ 转引自：卡尔·波普尔．客观知识：一个进化论的研究［M］.舒炜光，卓如飞，周柏乔，等译．上海：上海译文出版社，2005：194.

❸ 石中英．知识转型与教育改革［M］.北京：教育科学出版社，2001：286.

❹ 石中英．知识转型与教育改革［M］.北京：教育科学出版社，2001：295.

伪。因而，它拒斥一切形而上学，把一切知识都规训为自然科学知识的样式。二是主张客观符合论。知识是客观事物的真实反映。因此，认识者要把握客观事物，必须把握关于客观事物的知识，而对于知识的把握必须排除个人的经验等一切因素。三是具有客观性、普遍性和中立性。所谓客观性是指知识是对事物本质的反映，客观事物是检验知识的唯一标准。普遍性是指知识本身指向客观事物本身，因而放之四海而皆准。中立性是指知识只对知识对象自身负有责任，而与认识者的一切个人因素无关。

（二）知识教学：确定性的寻求

在知识社会，知识逐渐成为教学实践中最核心的要素，并且逐步成为凌驾于学习者之上、具有无上权威的统治力量。在这个意义上，教学实践实质上体现为知识教学。学校的一切工作几乎都围绕着知识的传授与习得而运转。学校教育中知识本位的倾向日趋明显。因此，知识几乎成为教学实践的唯一内容，成为教师教学的唯一内容，成为学生学习的唯一内容。

在这样的情况下，教学实践中的知识观就起着决定性的作用，有怎样的知识观，就会有怎样的知识教学。然而，在知识确定性的哲学观和经典科学观的规训下，受中国传统文化、20世纪80年代的时代背景以及教育自身条件的制约，长期以来，教学实践中占主导地位的知识观是确定性的知识观，教学主要致力于知识确定性的寻求。确定性的寻求表达了一种结果思维，认知者的认知方式、认知过程、认知方法都附庸于这个唯一指定的认知结果。也就是在这个过程中，除了这个确定性，一切都被漠视。

众所周知，教学评价始终是制约整个教学活动的枢纽。它制约着课程的设计与开发，制约着教师的教与学生的学，制约着教学活动中其他各要素，还从根本上制约着整个现实中教学活动的方向。因此，我们首先从教学评价入手，探讨知识确定性寻求的问题。

1.教学评价：知识确定性的判定

评价是一种价值判断活动，是对客体满足主体需要的程度的判断。从评价的方式来看，教学评价的方式多种多样。如从评价的主要对象上进行划分，大致可分为书面评价、实践活动评价和个人成长记录评价。

书面评价，也称为纸笔测试，是要求学生在规定的时间内就试卷中的题目作出书面解答的一种评价方式。这种评价的主要对象是学生习得的知识本身。其优势在于简单、省力，可大规模进行。在现有的教学评价中，限于多种条件的制约，书面评价仍然在众多评价方式中占据统治地位，自然知识、社会知识和人文知识的评价方式莫不如此。书面评价的评价对象集中在知识本身，因而作为客观的知识，认识者只能与其自身碰面，也就是考查学生对客观知识的记忆、复现、推理和分析。这样就将知识对象置之"视"外。

现行的书面评价的特征大致有二：一是致力于确定标准化试题。而标准化试题是客观主义和科学主义的典范。学生只有按照程式化的逻辑推理才能最终与标准答案相一致，舍此而无他途。二是致力于确定标准性答案。这种答案具有客观性、唯一性。而评价标准取决于学生的答案与标准答案的吻合程度。因此，书面评价以其简便、客观和科学而在评价方式中占据了不容置疑的地位。书面评价在科学主义规训下，走向了科学化和标准化的歧途。知识的答案是唯一性的、确定性的，而学生的日常学习就在于寻求这种唯一性和确定性。只有这样，他们才能得到理想的分数和名次。因为师生、家长和社会关注的是学生的分数以及由分数形成的名次，而这些都决定于客观知识本身，答案的确定性。

更需要受到关注的是，课堂教学评价已经演化成为书面评价的坚定拥护者，忠诚地致力于知识确定性的寻求。课堂教学评价的评价主体是教师，评价方式多为口头评价。评价的客体是学生，针对教学内容而做的答案中，教学评价所追求的仍然是教学内容的唯一性、确定性。这种唯一性和确定性或由教师讲授，或由学生"探究"作答，而作答的过程不是教师所计较的，一个学生回答正确，还是几个学生回答正确，无关紧要。重要的是学生的回答中要有一个答案是教师"想要"的，与标准答案完全吻合的。如果终不能令教师满意，则教师将亲自公布标准答案。因此，这个教学活动在乎的不是解答的过程，而是解答的结果。教师最为关注的不是谁能够给出问题的答案，而是谁给出的答案与教师"握有"的标准性答案一致，这一标准性答案是否为全班每一位同学所掌握。

2. 课程设计：知识确定性的呈现

在确定性知识观的规训下，研究者在进行课程设计时，课程知识的选择往往重在选取在科学上定论性的知识，而将许多有争议的、非定论性的知识排斥在外。研究者之所以相信这些定论性知识，是因为他们相信：这些知识是由学者探索而得出的。这些学者接受过值得信赖的院校的良好教育，理性而无私，在知识领域里互相密切监督。在教材的编写上，研究者仅仅关注知识结论，并将这些结论性知识体系化，很少反映知识在增长过程中所遭遇的曲折与争论，很少反映知识的相对性、条件性、历史性。然而，研究者可能忽视了以下事实：学者会遭受许多具有影响力机构的压力和自身超我的内部压力；科学团体的自我利益会影响"理性无私"；学者调查研究的过程会改变调查研究的对象，在某种情况下，调查研究的过程会使调查研究的对象发生很大变化，使所获得的资料十分不可靠；学者的认识能力受制于他所处的文化背景和获得信息的完备性程度。

课程知识的确定性选择会对学生产生两种影响：一是易于对课本知识确信无疑，陷入盲目的崇拜主义之中。因为课本知识被假定为永恒不变、绝对正确的真理。知识的学习只不过是将外在的、确定的终极真理储存在大脑中，以备随时取用。机械记忆、反复背诵、强化训练是知识学习的有效途径。二是在课本知识无法解释丰富的自然现象、社会问题和自我的人生问题时，学生就会觉得它们是虚假无用的，就会觉得自己被它们欺骗着。因此，学生只会机械地接受课本知识，甚至排斥或拒绝接受。另外，课程知识大都限定在确定性领域。而这些知识大多是"过去时"知识，与"将来时"知识并不一定具有逻辑的必然性和发展的可预见性。当用"过去时"知识去培养面向未来的创新型人才时，教育可能会遭遇幻想的破灭。

3. 课堂教学：知识确定性的寻求

在教学中，各科教学从教学设计到课堂教学，说到底，其根本追求是学生对"知识点"的认知与掌握。在教学设计中，教师在教学目标一栏首先明确知识的难点和重点，在教学内容一栏中明确本节课的"知识点"。无论确定的"知识点"是什么，有一点是确定的，那就是答案是确定的、唯一的。无论教师会面对怎样丰富的课堂情景，也无论课堂会如何千变万化，有一点是确定的，就是学生最终习得的知识与教学设计中的答案是一致的，绝不会有半点出入。

在确定性知识观的作用下，教学被视为一种追求确定性知识的过程，是学生向教师学习确定性知识的过程。在教师的监督下，学生在教学活动中按照教学程序完成确定性知识的记忆与复制。在具体的课堂教学中，教师以"旧知"引导"新知"，形成知识链接，再将本节课的知识点讲授清楚，最后以课堂练习巩固之。学生的任务主要在于习得这些"知识点"，以应对日后考试。值得注意的是，课堂教学中涉及诸多"知识点"，而每一个"知识点"的答案几乎都是确定的、标准的，也是唯一的。教师根据确定性知识的结论以练习的形式去评价学生学习质量的高低，练习内容仅仅局限于知识的确定性领域，过分追求答案的客观性、反映的精确性和答案的唯一性。教师根据练习结果给学生贴上"好学生""中等学生""差学生"的身份标签，并据此向学生分配有限的优质教育资源，供给或褒或贬的教学评价语言。

另外，尽管当下的课堂教学方法和模式多种多样，为了保证确定性知识的权威，教师在选择教学模式时会选择有利于学生接受知识的模式，学生往往成为知识的"接受器"，课堂成为知识的"陈列室"。这类教学模式以正确、有效地传递与掌握间接经验（书本知识）为基本特征。这类教学模式强调教学过程是一种特殊的认识过程；强调知识是具有普适性的客观真理，是不受认识主体的"先在结构"、认知模式、价值取向等主观因素影响的客观存在，具有"普遍可证实性"和"普遍可接纳性"，是超越具体情境的高度简化的世界图像。

当下，现代的教学模式有探究式教学、研究性学习、启发式教学、情景式教学，等等。与传统的教学模式相比，二者的主要区别在于教学过程。也就是说，知识的习得是在过程中教师"教"得多些，还是学生"自学"得多些。然而，有两点是基本一致的，一是学生面对知识的方式——主客二分，二是学生习得的知识——确定性知识。而教学也主要根据学生各自获得的确定性知识的多少区分出学优生和学困生。从这两点来看，传统与现代的教学方法与模式虽然可能在其他方面有所突破，然而在知识教学观与知识的确定性寻求方面可能是根本一致的。

二、教学实践：客体世界的构筑

在确定性知识观的支配下，教学实践以确定性知识为对象，在评价方式、教学内容和课堂教学等方面不断强化着知识的确定性，从而使确定性知识成为异于师生的客观存在，单纯地成为有待认识的客体。这样，师生就在不知不觉间以确定性知识自身为对象而营造了一个客体世界。"谈到人类知识时，我心中通常想着'知识'一词的客观意义。我们可以认为人类生产知识犹如蜜蜂酿造蜂蜜：蜂蜜是蜜蜂酿制的，由蜜蜂贮存，并且供蜜蜂消费；而消费蜂蜜的个别蜜蜂一般都不限于消费自己所制造的那部分蜂蜜；蜂蜜也供应根本不从事生产的雄蜂（至于那些可能因卤莽人或者是养蜂人而使蜜蜂损失掉的贮备蜂蜜就更不用说了）。还有值得注意的是，每只工蜂为了保持体力以便酿制更多的蜂蜜，一定要消费蜂蜜，其中有些通常是其他蜜蜂酿制的。"❶

（一）客体世界的界定

这里的客体世界是指师生以确定性知识为对象而进行教学活动所涉及的领域和范围。在这里，师生是认识活动和实践活动的主体，这种认识活动和实践活动指向的是以确定性知识为对象的客体，所涉及的领域和范围包括师生教与学的文本。这里的文本既指学科中的确定性知识，也包括练习和考试等各种形式的教学所涉及的确定性知识。构成客体世界的客体是师生面对的每一个数学定理、每一个化学符号、每一个物理公式、每一个英语单词、每一个汉语语法。它们被教师这个勤劳的建

---

❶ 卡尔·波普尔. 客观知识：一个进化论的研究［M］. 舒炜光，卓如飞，周柏乔，等译. 上海：上海译文出版社，2005：320.

筑工混合在一起，在学生的视界里构筑了一个坚不可摧的客体世界。在这个以确定性知识构成的客体世界中，知识可以演绎、推算，具有必然的逻辑关系。

需要说明的是，以确定性知识构成的客体世界是教师教学的重心，是核心，几乎是教师全部工作绩效的基准；以确定性知识构成的客体世界是学生学习的主要对象，几乎是学生获得有限的优质学习资源的全部法宝。

（二）客体世界的特征

这个客体世界具有客观性、自主性、封闭性、不可批判性、权威性等特征。客体世界的客观性是指知识可以凭借一定的载体呈现在学校教育中，成为学生讨论、学习、温故的客观对象，是教师备课、授课的客观内容。客体世界意味着主体之间认识上的无差别。教师的教、学生的自学、生生或师生之间的讨论不是指向个体建构出的差别认识，而是指向客观知识本身。不是我与你不同，而是谁和标准不同，一切的最终裁决权在于知识本身，而不在于师生。差别的只是谁课上"掌握"了，谁课后才"掌握"；哪些同学"掌握"了，哪些同学没有"掌握"。"我应该说，几乎每一本书都这样：它包含着客观知识，真实的或虚假的，有用的或无用的；而是否有谁曾经读过它并且是否真正掌握它的内容，几乎是偶然的。……它有被理解的可能性和潜在性，它有被理解或者解释、被误解或者误释的意向性，这才使一件东西成为一本书。并且这种潜在性或者

意向性即使从来不曾实现，也还是存在着的。"❶ "客观意义上的知识是没有认识者的知识：它是没有认识主体的知识。"❷

客体世界的自主性是指确定性知识虽然是人为选择、组织而呈现在教学中的，但它是一个有一定程度自主性的领域。这种自主性决定于教学中的确定性知识观和知识教学，从而形成了教学领域中知识传播、"消费"的独特性，形成了知识自身固有的特性或规律。

客体世界的封闭性是指在确定性知识的教学中，确定性知识局限于客体世界内的演绎、推理等。在认识者的视界里，它具有客观性，不受外在的认识者即师生的任何影响，而且还反过来，支配师生的生命展开。同时，它还会"忘本"，不再与知识对象有任何沟通与关联，因而形成了与自然、社会和人的"三重"分离。于是，确定性知识无法与自然、社会和人之间形成融通，而是自成体系，"与世隔绝"。这种封闭性造成了这个客体世界的僵化、机械和保守。

教学中以确定性知识构成的客体世界是不可批判的，这是由教学中知识呈现的客观性和教学中的知识的确定性的寻求决定的。批判的前提是不确定性，可以变化，虽然知识只有在面对知识对象时才表现出不确定性，表现出丰富性，但与知识对象的隔离，致使这个客观的、自主的和封闭的客体世界失去了被批判的前提，知识本身已经失去了鲜活的生命力。知识只是

---

❶ 卡尔·波普尔.客观知识：一个进化论的研究［M］.舒炜光，卓如飞，周柏乔，等译.上海：上海译文出版社，2005：134.

❷ 卡尔·波普尔.客观知识：一个进化论的研究［M］.舒炜光，卓如飞，周柏乔，等译.上海：上海译文出版社，2005：126.

可以认识、识记和推理的对象。这个世界拒斥怀疑，拒斥批判，拒斥否定，认识、批判并进而得到改造的对象。

　　知识的客观性决定了知识的权威性。这种权威性致使知识"反客为主"，师生在知识确定性的寻求中处于服从的地位。在这个意义上，知识为"主"，而师生为"仆"。师生在知识的确定性寻求中构筑的客体世界，将权威性赋予知识。这样以知识营造的客体世界不为主体而存在，而是反过来，役使主体。师生作为主体以客体化奴役自身，营造决定论的知识王国。而主体从此跌落进他自身营造的外化的客体世界的统治中。正是在客体化的过程中，主体失去了自身的意蕴。人被客体化，对于人自身而言，就是把自由转换成了必然性，把个别的转换成了普遍的，把个体性的转换成了非个体性的。❶

（三）客体世界的弊害

　　知识与存在是统一的，双向互动的。因此，人、知识世界和知识对象之间是相互作用的。知识与存在的统一，一方面在于知识将世界向人"敞开"，让世界"前来照面"。人首先进入知识世界，知识对象在知识世界中向人敞开，知识可以具体化和对象化为外在世界，进而人进入知识对象的世界，从而改造这个世界。也就是说，知识从不同的侧面把存在打开，使得存在从不同的方面向人"敞开"。这也就是说，知识成为人把握世界的方式，自然知识成为人把握自然的方式，社会知识成为

❶　尼古拉·别尔嘉耶夫. 自我认知［M］.汪剑钊，译. 上海：上海人民出版社，2007：137.

人把握社会的方式，而人文知识的意义在于惊讶，这个惊讶就是在不断地"向外"追逐的过程中，忽然回转过来，问道：我是谁？我"竟然"存在？这正是罗洛·梅（Rollo May）所指出的存在感。

另一方面在于知识作用于世界而生产新的知识。知识在人的作用下返回其本源处，即世界本身。人以知识把握和改造世界，在改造世界的同时又生产了新的知识。于是，这个世界在人的认识中生产了新的知识，如此往复循环，构成了人—知识—知识对象之间的循环链。

然而，在以确定性知识为对象而构筑的客体世界中，学生作为认识者的认识对象仅仅停留在确定性知识的层面，而知识对象，即自然世界、社会世界和人文世界被遮蔽了。"存在"被遮蔽，被遗忘。认识的"主体"，在认识中被遗忘。"存在"不在场，"主语"缺失。

确定性的主语是知识，是说知识确定性的寻求排除了知识的对象和认识者。知识本身是确定的，因此，认识者的目的只能是到达这种确定性，而不能对知识本身有任何作用，知识与认识者无关。知识确定性的寻求是终点，而不是中途。这就遮蔽了知识对象，将认识者的认识对象的路程中途隔断，知识对象作为认识者的终极认识目标和改造对象，不能向认识者透露半点讯息。

知识是人把握世界的方式，是说人通过知识而把握知识的对象世界。在这个意义上说，知识是手段，知识对象是目的。然而，在教学的确定性寻求中，知识逐渐固化为客观的世界，隔断了与知识对象的融通。知识本身成为目的，而不再是手段。人无法穿越这个客体世界而进入知识的对象世界。知识的对象世界无法透过客观的知识世界而敞亮给人看，它们的身影在人面前忽隐忽现。于是，以确定性知识构筑的客体世界造成了知识与知识对象的三重分离。

首先，自然知识与自然世界相分离。科学课程的教学一般分为课堂教学、实验教学和科学实践活动。课堂教学以书面评价为指向，勠力于寻求自然知识的确定性。于是，自然世界被远远地抛出课堂教学之外。而实验教学旨在服务于课堂教学，验证、巩固课堂教学中学习的确定性知识。因此，其意义不在于以自然知识敞亮自然世界，而在于以自然世界强化自然知识的确定性。在目前的学校教育中，科学实践活动往往或者缺失，或者成为供专家观瞻的对象。因此，真正指向自然世界的科学实践活动常常凤毛麟角。

其次，社会知识与社会世界相分离。社会知识是关于社会世界的知识。然而，社会世界无法以社会知识向学生"敞亮"自身。一方面，学生的视界仅仅停留在社会知识的层面。这是因为，在目前学校教育教学方式中，与学生前来照面的只是社会知识本身，而社会世界远遁在学生视野之外。另一方面，社会知识虽然是关于价值的知识，但是都已演变为确定性的知识，学生只能在确定性知识构筑的客体世界里"遨游"。

最后，人文知识与人自身相分离。人文知识是关于人自身的知识。然而这些人文知识被字、词、句、语、修、文、逻等确定性的知识所辖制。它们成为教学的重心。而那些有关价值与意义的知识一方面被边缘化，另一方面也被局限在确定性的范畴之中，失去了活力。

知识与知识对象的三重分离导致了知识本身无法与自然、社会和人自身相融通。知识只在学生作为认识者的视界中被不断固化，而无法在知识对象中获得鲜活的生命力。

三、教学主体：被异化与被遗忘

以确定性知识构筑的客体世界为认识对象，师生成为认识的"主体"。这样，师生与客体世界构成了单纯的认识关系、占有关系和利用关系。师生的认识指向的是客观知识本身。于是在师生认识的过程中，客观知识本身不可能随认识者经验的不同而改变，而需要调整的只能是师生自身。他们能做的几乎是毫无条件地掌握这些客观的知识。既然知识是客观的、外在的，师生认识知识的目的就在于占有知识，并在不断的认识中占有更多的知识。而占有本身既是认识的目的，又成为利用的手段。认识是为了占有，而占有则指向利用。只有在客体世界中占有更大的空间，也就是说，只有占有更多的确定性知识，才能占有更多的有限的优质学习资源，从而为己所有、所用。这就是时下学界严厉批评的功利主义学习。

由此可见，教学的过程就是对确定性知识的认识、占有和利用的过程。在这样的过程中，出现了两个问题：一是在认识论的意义上，生命被异化。二是在存在论的意义上，生命遗忘了存在，即存在感消失。"主体"失却了存在的前提和基础，也就失却了主体的意蕴。

（一）教学主体：被异化

异化是一个历史现象。黑格尔、费尔巴哈和马克思等分别对异化阐发了自己的观点。作为一个哲学概念，在上述哲学家看来，异化主要指主体在自己的发展过程中，由于自身的活动而产生出自己的对立面，而这个对立面又作为一种外在的、异己的力量反过来反对主体自身。"客体经由发生了客体化的主体所建构。客体和客体化不为主体而存在，而是奴役主体。也可以说，这是主体以客体化奴役自身，营造决定论的王国。或者说，是主体跌落进它自身的外化的统治中。"❶

异化在教学领域的表现具有独特性。这种独特性主要表现在两个方面：一是被异化的对象是师生的生命，他们主要以教学活动而被异化。二是将生命异化的主要是以确定性知识构筑的客体世界。因此，在这里，我们将教学活动中生命的异化概括为：师生作为主体由于自身矛盾的发展而产生自己的对立面，这个对立面就是以确定性知识构筑的客体世界，而这个客体世界又作为一种外在的、异己的力量而凌驾于教学主体之上，转过来束缚主体、压制主体。这就是教学活动中生命的异化。"现在，青少年把自己的知识视为在学校这一市场中出售的一种商品，他们让人看上去既是这些知识的生产者，同时也是这些知识的消费者。但实际上，学校已把这两种角色相分

---

❶ 尼古拉·别尔嘉耶夫. 人的奴役与自由［M］. 徐黎明，译. 贵阳：贵州人民出版社，2007：80.

离，他们已经预先被学校异化了。学校使这种异化成为适应生活的准备。这样，教育便失去了现实性，劳动则失去了创造性。学校通过使学生产生受教的需要，而让学生做好适应生活中异化的制度化（alienating institutionalization）之准备。人们一旦明了这一点，便会失去发展自己的独立性的欲望，便不会再感受到相关性的魅力，并会对制度性框框条条未曾预先设定的、人生过程中诸多惊奇之事视而不见，无动于衷。学校直接地或间接地雇用着大部分劳动力，学校不是使人们终生对外封闭，就是确保使人们适应某一制度。"❶

在以确定性知识为认识对象的教学活动中，异化首先和根本表现在知识与认识者的关系上。在此基础上，还表现在教学活动中空间和时间的关系上，师生关系上，学生的身体上，学生的思维上，等等。

1. 知识反客为主

在主客二分的认识论教学观的支配下，主体是师生，客体是有待认识的确定性知识。教学活动主要是作为主体的学生认识、占有和利用确定性知识的活动。诚如保罗·弗莱雷所指出的：

教育变成了一种存储行为。学生是保管人，教师是储户。教师不是去交流，而是发表公报，让学生耐心地接受、记忆和重复存储资料。这就是"存储式"的教育概念。这种教育让学

---

❶ 伊万·伊利奇. 非学校化社会［M］. 吴康宁，译. 台北：桂冠图书股份有限公司，1994：64-65.

生只能接受、输入并存储知识。……在"存储式"教育中，知识是那些自以为知识渊博的人赐予在他们看来一无所知的人的一种恩赐。❶

　　然而，以确定性知识构筑的客体世界，具有客观性、封闭性、不可批判性等特征。知识的客观性将权威赋予了知识。这样，知识便"反客为主"，教学主体在知识确定性的寻求中处于服从的地位。在这个意义上，知识为"主"，而教学主体为"仆"。教学主体在知识的确定性寻求中构筑的客体世界，将权威赋予知识。这样以知识营造的客体世界不为主体而存在，而是反过来，役使主体。师生作为主体异化奴役自身，营造决定论的知识王国。而主体从此跌落进他自身营造的外化的客体世界的统治中。正是在异化的过程中，主体失去了主体自身的意蕴。教学走向了反主体，真正的主体消失了。这样，教学主体始终处于被禁锢、被统治的状态中。于是，在教育活动中，真正的"主体"只有一个，那就是确定性知识。而教学主体沦为客体。教育的过程就成为一种控制的过程。教学主体成为被控制、被压迫的对象。于是，生命被当作无生命的东西。通过对生命的完全和绝对的控制，生命异化为物。

　　在确定性知识面前，教师身先士卒，首先被异化。这是因为，在教学活动之前，教师首先要进行教学设计，对课堂教学中传授的知识要了如指掌。这样，教师必须首先进入以确定性

❶　保罗·弗莱雷. 被压迫者教育学［M］.顾建新，赵友华，何曙荣，译. 上海：华东师范大学出版社，2007：25.

知识构筑的客体世界之中，首先复制和记忆那些确定性知识。只有这样，教师才能胸有成竹地走进课堂，进行知识教学。否则，教师便无法进入课堂进行教学活动。确定性知识也是教师为师之道最重要的资本，师道尊严也在于此。因此，教师也在某种程度上乐于深入、广泛而准确地把握确定性知识，并在确定性知识构筑的客体世界中乐此不疲。

在课堂教学中，以确定性知识代言人面目出现的教师就是将知识复制和灌输到"无知"的学生的头脑之中。单位课时内，学生习得的知识越多、越快就越好，对知识的理解和记忆越符合课本原意、越符合教师期望就越好。这样，知识就被视为学生内化和记忆的真理，从而以教学活动的形式在学生身上得到了延伸。教学活动被狭隘为认知、占有和利用外在的、客观的知识的活动。学生在这样的活动中被异化。

值得注意的是，尽管当下的教学模式和教学方法多种多样，令人眼花缭乱。但是有一点始终没有改变，这就是教学对知识确定性的寻求。虽然寻求的模式和方法有所区别，但寻求的指向是一致的——确定性知识。因此，如果不改变主客二分的认识论知识教学观，就不可能改变教学主体被异化的命运。

2. 教学空间优先于教学时间

生命是时间和空间的觉知者，而时间和空间是生命展开的前提和条件。时间与空间相比较而言，生命作为存在，首先是有限的存在，而不是在何处存在。这就决定了时间对于生命的优先性。然而在主客二分的认识论知识教学观的支配下，空间优先于时间。主客二分的认识论首先指向的是主体和客体。主体和客体构成了认识论的基本范畴，是相对而言的。离开主体就无所谓客体，离开客体也无所谓主体。而这二者首先是空间的存在，在空间中的"共在"，在何处存在，而不是时间的存在。因此，主客二分的认识论教学是空间优先于时间的教学。

无论我们在理论上和实践中主张教师是主体，还是学生是主体，还是师生互为主体，有一点是完全一致的，那就是主客二分的认识论没有改变。在教学实践中，教室是教师和学生共同生活的平台。无论是学生作为可以把握和控制的客体，而教师站在讲台上成为主体进行教；还是教师走下讲台进入学生之中而成为客体，从而使学生成为主体进行学，主客二分的认识论都没有改变。这种主客二分的认识论就是师生必须首先进入这个空间，无论谁是主体，谁是客体。而这种主客二分的认识论就是空间优先于时间的教学。

为保证空间优先于时间，学校教育教学管理制定了各种教学制度和教学规范。作为社会空间的学校，总是通过各种教学制度、教学规范来规范和约束教学主体的学校生活。这些教学制度、教学规范主要有对教学活动加以规范的作息时间表，对师生行为表现进行监控的监督机制。而在一定意义上，制度和规范表明着教育的惩罚机制。譬如，在课堂教学中，师生都要在上课铃响之前进入教室，而迟到者要受到惩罚。在各种考试中，考场规则对迟到者惩罚的措施更为严厉，大都规定迟到多长时间禁止进入考场、取消考试资格等。凡此种种严厉的惩罚机制背后的隐喻是，生命首先作为客体而存在。这是因为，虽然各种惩罚措施表面上是培养学生良好的时间观念，保证课堂教学秩序等。但究其实质，则是保证在规定的时间内，生命作为客体在此！这样，时间的规定性就是服务于空间的。

综上观之，在主客二分的认识论知识教学观的支配下，教学空间优先于教学时间。这是一种颠倒了的教学。时间对于生命的优先性让位于空间，而生命在这种空间性的展开中被异化。

3. 学生成为待"教"的客体

在主客二分的认识论知识教学观的支配下，长期以来，课堂教学往往注重学生的认知活动，注重书本知识和道德知识的传递和习得。也就是说，在现实教学生活中，教师重视的是学生的认知活动，忽视学生作为生命的整体性展开。譬如，在语文课堂教学中，课堂教学目标大都以字、词、句、篇、语、修、逻、文等确定性知识为认知目标。这样一来，课堂教学异化为认知教学。学生成为待"教"的客体。

灌输式教学是主客二分的认识论教学的极端例子。弗莱雷总结了这种教学的诸种表现：

（1）教师教，学生被教；

（2）教师无所不知，学生一无所知；

（3）教师思考，学生被考虑；

（4）教师讲，学生听——温顺地听；

（5）教师制定纪律，学生遵守纪律；

（6）教师做出选择并将选择强加于学生，学生唯命是从；

（7）教师做出行动，学生则幻想通过教师的行动而行动；

（8）教师选择学习内容，学生（没人征求其意见）适应学习内容；

（9）教师把自己作为学生自由的对立面而建立起来的专业权威与知识权威混为一谈；

（10）教师是学习过程的主体，而学生只纯粹是客体。❶

这是一种对教学中"主体—客体"关系的最典型描述。学生在课堂教学中成为待"教"的客体，成为被控制的对象，而教师主宰课堂教学中的一切。主—客视域下的师生关系，教师与学生是一种纯粹的对象性的主体和客体之间的关系，是"我—它"之间的认识和被认识、改造和被改造的对象性关系。课堂教学是强制性的、灌输性的。师生的"主—客"交往模式成为异化的交往，学生成为异化的存在。

然而事实上，教师也是被异化的客体。教师成为主体前，必须首先掌握着真理——确定性知识。于是，教师才能化身为知识的代表、真理的代表、标准的代表、正确的代表。于是，教师的权威才能是不容侵犯的，言行是不容置疑的。于是，教师才能视学生为待教的客体，因为他们对确定性知识还一无所知或者一知半解。这便是确定性知识对教师的赋权，这便是教师的尚方宝剑，这便是教师自身的异化。

---

❶　保罗·弗莱雷. 被压迫者教育学［M］. 顾建新，赵友华，何曙荣，译. 上海：华东师范大学出版社，2007：25-26.

4.学生身体成为规训对象

关于身体的界定，大致有三种代表性的观点：一是将身体看作与精神相对立的躯体或肉体。这种观点主要源于词典的解释。二是将身体理解为社会性、历史性、文化性存在的身体。它不仅仅指自然实体，还包括象征性身体或社会身体。这是因为，身体是一套通过它的外观、尺寸和装饰的属性对一个社会的价值观进行编码的手段。而这种编码又具有历史性和文化性。三是将身体视为整体生命的情状。这是因为，身体非唯生物性的肉体，本身就涵蕴了身与心、感性与灵性、自然与价值、意识与无意识，且是在时空中动态生成、展现的生命整体。总结起来，可以看出，身体是由生理、心理等融构而成的生命整体。它不单是血肉之躯，还是形与神、灵与肉的复合体，具有目的性与手段性、个体性与社会性、能动性与受动性等基本特征。

在教育活动中，身体作为客体成为规训的重点对象，从而被异化。首先，在课堂教学中，教学主体的身体成为规训对象。有研究者提出，课堂教学中教师不宜使用十二种象征性体态语，包括斥责性食指点动、蔑视性伸出小指、蔑视性斜挑拇指、轻佻性捻动拇指、讽刺性鼓倒掌、渲怒性以掌击物、耳语性喇叭手势、威胁性挥动拳头、渲怒性以拳击物、拨浪鼓式摇头、拒绝性撇头、排斥性低头。❶ 而学生在课堂内的行为举止也被严格地规定，这里不再赘述。此外，教育活动不仅对教

---

❶ 李振村，庄锦英. 教师体态语言艺术［M］.济南：山东教育出版社，1993：96.

学主体的体态性语言作出规定，还对副体态性语言作出明确要求。副体态性语言是除身体动作、面部表情、人际距离之外能够传播信息的身体形象，包括教学主体的体貌、服饰和随身用品等。这样，教学主体的身体就作为被规训的客体而在实践中被定格化、模式化。在课堂教学中，哪些事情是可以做的，而哪些事情又是不能做的，都被明确地规定了。其次，在知识教学的过程中，教学主体的生理健康十分堪忧。长期以来，人们往往将关注的焦点集中在教师身体形象或象征性身体上，忽视乃至遗忘教师的生理性身体，从而人为地将教师生理性身体与身体形象割裂开来，教师的生理性身体蜕变成教师行为环境的一部分，呈现出"物化"或退隐状态，最终因难以承受之重而出现一些生理健康问题。而学生在长时期的高负荷课业负担的重压下，缺少室外活动，身体素质正在呈现不断下降趋势，已有相关调查不断地证明着这个问题。最后，在知识教学过程中，教学主体的心理健康不容乐观。在学校生活中，教师经常承受着升学率、业绩考核、评比等方面的压力，而学生则承受着考试、升学等方面的压力。这种长期的、超负荷的、紧张的教学生活容易导致师生出现焦虑、烦躁、强迫等心理疾病。

5.学生思维趋向机械化

在主客二分的认识论知识教育观支配下，师生日益面对的是以确定性知识构筑的客体世界。长期以来，我们的教师秉持着相同的教育价值观，抱着相同的教育教学目的——追求升学率，遵循大致相同的教育理论与教学模式，使用的是同样的教材和教学参考书，传递的是相同的知识。于是，教师的思维日益缺乏理性与创新性，陷入日常思维的固定框架，进而可能致其失去自我意识，体现出一定的"无我性"。教师只是确定性知识的代言人，教师的生存被自身无法控制的力量和机制决定，丧失了人之为人的一个基本维度，即否定和批判的维度，成为缺乏变革与创新意识的"单面人"。在这样的处境中，教师只能听任确定性知识的操控，只能唯书是从、唯权威是从。这样，思维就陷入机械化的泥潭，教师被"物化"。

怎样的教师就塑造了怎样的学生。与教师一样，学生终日面对的也是确定性知识，是"真理"。在对确定性知识学习的过程中，知识反客为主，塑造了人，支配了人。确定性的知识是按照逻辑、理性的原则排定的，因而具有逻辑性，可以推论。而这种逻辑特征久而久之成为人的思维特征，将自己的思想与行为排定为逻辑顺序的，在机械决定论中展开自己。这是知识的隐性作用。日久天长，学生的思维被固化，失去了想象力和创造力，学生的思维也开始趋向机械化。学生只能在逻辑性、规则化的思维下生活，成为隐蔽的机械性的"物"。

（二）教学主体：被遗忘

主客二分论属于哲学的认识论范畴，而认识论范畴正在消解存在论，认识论将存在论变为自己的附庸之后成为统治者。认识消解存在，这种消解是通过认识中的客体实现的。在对客体的认识中，客体渐趋"反客为主"，取消了人的主体性，将人异化，最终将人遮蔽，造成了主客认识论中人的遗忘。但是，人首先是存在——人在谈得上别的一切之前，首先是一个

把自己推向未来的东西，并且感觉到自己在这样做。❶

在主客二分的认识论知识教学观的支配下，教学的过程就是知识确定性寻求的过程，从而构筑了一个客体世界。这个客体世界一经形成便具有独立性，从而造成了与自然世界、社会世界和人自身的三重分离。师生作为主体，终日面对的是以确定性知识构筑的客体世界，这导致了主体的异化。这种异化的根本表现是知识反客为主。

于是，在确定性知识的评价、呈现与教学的过程中，异化以"主人"的姿态将生命改造成"非我"。"非我"将生命异化为功能，因为"非我"的价值就是功能，功能成为生命的代名词。功能是机械的特点，师生的生命被机械化了。"非我"的价值就是作为学习的手段和工具。"非我"总是将师生向外抛出。在被抛出的境地中，师生与确定性知识打交道，从而将"此在"遗忘。而在被抛出的境地中的"非我"不断获得加固与荣耀。这样，教育主体就越投身于"非我"，越遗忘了"此在"。然而，"此在"是最本己的能在，它虽然被压抑在意识的最深处，但从没有消亡，而是获得了遗忘。于是，教学主体不断地处于割裂中。在这种割裂的鸿沟中，"此在"遭遇着随时轰然倒塌的危险，外在的客观知识占据了教学主体所有的视线，而自身作为生命的存在被遗忘。

在确定性的规训中存在被遗忘，然而遭受惩罚的却是存在本身。知识将教育中的主体异化。知识通过对此在知识的排

---

❶ 让－保罗·萨特. 存在主义是一种人道主义［M］. 周煦良，汤永宽，译. 上海：上海译文出版社，2008：5.

除、在知识教学中对思维的规训、知识教学的空间化展开、知识评价，将师生客体化，使主体将存在遗忘。知识反客为主而被赋权时，知识本身演变为权力和确定性的东西，就开始了将教学主体异化的进程，而学校教育是这种进程的助推者。在正向与负向的反馈中，异化得到了加强，"非我"不断得到塑造。最终，教学主体从没有机会得以认识自身，没有回到自身。主体消失了，主体从未在过！"非我"是在"挤压"中被塑造的，并形成了"线性"的"非我"轨迹。然而，在本质上，"我"却是在"绽放"中展开的生命，是"整体性"的流淌。

教育活动以确定性的知识为活动终点，而不是指向知识对象。也就是说，师生在教育活动中，学习的自然知识不再指向自然，社会知识不再指向社会，人文知识不再指向人自身，而是在活动的中途戛然而止。于是，自然、社会都不能成为对象被"唤上前来"，生命也不能成为对象前来照面，知识作为客体世界横亘在"我"与作为知识对象的"我"之间。存在的光芒时隐时现，存在不能穿越这个客体世界前来照面。"我"作为存在被遗忘。于是，教育与教学中的反思也不再是对"我"的反思，而是对客体世界本身的反思，其目的在于更好地占有客体世界。

主客二分的认识论十分重视知识的获得，以至于常常忽视甚至完全忘却了这些知识得以产生的源泉和知识所应服务的对象。在文明人那里，随着知识的不断增长和积累，一切都颠倒过来了。认识知识成了第一性的东西，仿佛人一诞生下来他的全部生命就是认识世界，对他来说似乎从来就没有一个生存问题。在认识论看来，人似乎仅仅是或者首先是一个认识着的、思维着的主体。人与世界的关系是"主—客"二元对立的关系，人生存的主要目的就是要去客观地反映外部世界，从中获得固定的知识和事物永恒的本质。总的来说，认识论的中心问题从来是，现在仍然是知识增长的问题。认识论的思维方式只注重人如何正确地反映世界，获得客观知识，利用自然满足自身物质需要。人总是醉心于为自己造出关于自己本身、关于自己是何物或应当成为何物的种种虚假观念，而对眼前现实存在的"人"却视而不见，也全然不顾自己的生存状况。人成为主体，而且这个主体已经变得异常强大，但这个主体只是一个纯粹抽象的认识者，而不是存在。主体的人的生存依然处于"无根"之中。世界在人的眼中只是某种外在于人的、与人无关的、可计算的、本质既定的存在，人是世界的认识者和改造者。人在追逐外部世界的同时，离世界却越来越远，离自己也越来越远。

但是，当我们转换一下视角，从存在论的角度来观察，就会发现，主客二分的认识论导致了人作为存在的存在感的消失，人遗忘了自己作为存在，也遗忘了诸存在。

我们从来还没有像现在这样因我们对人的无知而感到吃惊和好奇，感到愕然和难堪，我们知道人制造什么，但我们不知道人是什么，或者可以期望他是什么。我们的全部文明建立在对人的误解上，这难道不可思议吗？人的悲剧是由于他是一个忘记了"人是谁"这个问题的存在，这难道不可思议吗？忽视可对他自身作出鉴定，忽视了什么是人的真实的存在，使人采取了虚伪的身份，假装就是他所不能成为的，或者不承认它的存在的根基中的事物；对人的无知不是因为缺乏知识，而是因为错误的知识。❶

我们对存在的理解是如此粗浅，以致我们一提到存在，提到人这一存在，提到教育的对象，总会面对众多的不屑。这是一种不可理喻的浅薄和无知。这种无知主要源于科学的主客二元论的思维方式已经如此根深蒂固，存在已经在主客二元论中被异化了，以致再也无法认识存在，无法自拔，再也找不到存在的方向，因为存在已经在他们的视域中从根基上消失了。

当下的人，不是存在，而是被存在。存在是自我的意向性存在，自由的存在；存在是是其所是、向着是其所不是的存在；存在是内在地展开着的，整体性地绵延着的。被存在是规约下的存在，是被异化了的存在。他被牵引，他被抛入世界之中，被按照指定的路线存在。他活着，却全然不能感受到自己活着。他不满于这种被存在的境地，因为存在是一种与生俱来的内在性。存在与被存在之间是一条巨大的鸿沟，此在徘徊在存在与被存在之间，他困惑，他痛苦，他挣扎。他越是习惯于这种被存在，慢慢地遗忘了存在，他就越依赖于被存在，越来越习惯于从它那里得到生命的全部荣誉、尊严和安慰，直至存在消失在他生命的尽头。存在在他生命的视野中"渐行渐远渐

---

❶ A. J. 赫舍尔. 人是谁 [M]. 隗仁莲，安希孟，译. 贵阳：贵州人民出版社，2009：1.

无穷"。他越是不能容忍被存在，他就越渴求存在，他就会转而回身，发现了自己：我竟然活着，我可以这样地活着。此在就在这种存在与被存在之间往复。

知识一般地属于认识论范畴。当下，学校教育成为以认识论为基础的教育，而师生作为存在依附于认识了，即存在论依附于认识论了。这是因为，认识是主客论的认识方式。在认识客体的过程中，主体被消解了，也就是认识的主语省缺。学校教育以认识论为基础，消解了存在论。改变之途在于将存在论从认识论的束缚中解放出来。但是这并不意味着要否定认识论。这是因为存在论与认识论之间存在必然的关联。这种关联表现在存在要从认识中拷打出自己。因此，离开了认识论，也谈不上存在论。

鱼是最后发现水的动物，人可能是最后发现自己的动物。师生首先是一种存在，我们首先需要在存在论的意义上探讨师生关系。存在就意味着各自生命展开的整体性、可能性、超越性，而不是认识论意义上的主客关系，主客关系使师生的生命展开狭隘地简化为认知式的线性生命。这种对生命的片面性的肢解，是对整体性的消解。这使存在论依附于认识论了，是本末倒置的教学。师生主客关系只在认识论的意义上存在。

而课堂教学是存在论意义上的，课堂教学是一种师生的实践活动，是生命在时间中的可能性的谋划与展开，这种展开是整体性的。因此，实践论意义上的具体的课堂教学是存在论意义上的，而不能使认识论意义上的师生主客关系发生越界，不能将其在实践论的意义上使用，不能在课堂教学中运用。

第三章　教学主体假设理论溯源

前文我们曾讨论，确定性是知识的固有属性。在知识教育中，以确定性知识构筑的客体世界致使教学主体被异化，作为存在的师生被遗忘。那么，接下来的追问是，教学实践中的主体假设有何理论基础？这种理论基础的局限性何在？

一、教学主体假设的根源

教学实践中的主体假设有着深厚的理论支撑。考察起来，教学实践中的主体假设，一方面来自教育理论的影响，另一方面来自现代社会中的普遍信仰。

（一）教育理论的主体假设

20世纪80年代以来，主体研究逐渐成为教育研究中的一个热点和难点问题。研究者围绕着主体的内涵、特征和客体的界定等展开了讨论。从主体的内涵来看，或是教师被假设为主体，或是学生被假设为主体，或是二者共为主体。从客体的界定来看，或是教师被假设为客体，或是学生被假设为客体，或是二者被假设为动态客体。

从主体的特征来看，主体具有主体性。主体性是一个关系范畴，只有在对象性关系中才能获得自身的规定，是在主体与客体的相互作用中表现出来的主体对客体的主从关系、支配关系等。如果离开了客体和指向客体的对象性活动，就无所谓主体性。因此，主体性的获得需要两个基本条件：一是客体，二是指向客体的活动。主体性的具体表征，就已有的研究成果来看，一般被概括为主体在对象性活动中所表现出的自主性、主动性和主观性等。自主性大都被理解为在一定条件下，主体在对象性活动中所具有的支配和控制的权力与能力，表现为主体成为自己活动的主人，以自己的思维来支配自己的行为，进而认识和改造客体，并能够自我调节和自我控制。主动性一般是指主体在对象性活动中，自觉地认识和改造客体。它既与主体已有的知识、经验相关，又与兴趣、动机和意志等紧密相连。

需要指出的是，教育领域关于主体的讨论主要集中在主客二分的认识论范畴中。这一讨论的主要特征有：一是讨论持续时间长，从 20 世纪 80 年代至今，余绪未断；二是讨论热烈，各种观点时而相互借鉴、取长补短，时而针锋相对、各执己见，真正是"你方唱罢我登场"；三是讨论的成果显著，形成了不同观点，其中有四种在学界较具代表性的观点，即教师主体论、学生主体论、双主体论和主导主体论；四是在长期的学术论争中，主体理念渐渐深入人心，并成为教育研究的理论基础和教育实践的指导理念。这种讨论的过程也是主客二分的认识论在整个学界逐渐占据主导地位的过程。这样，主体理论逐渐成为一种研究者"无意识"的理论基础。在进行教育学研究中，主体理论往往是基础理论，而研究者不再"拷问"这个理论基础自身的合理性。在教学实践中，师生往往被"想当然"地当成主体。❶

从学界整体的研究来看，这种主客二分的认识论一直以来较少引起研究者的反思。❷ 无论教师还是学生被视作主体，是不是对生命本身的一种"简单化"的对待呢？而当这种"简单化"充斥整个教育理论研究和教学实践的时候，它对生命自身意味着什么呢？

（二）主体主义的无孔不入

现代社会是"主体"的社会，主体主义无孔不入。在现代社会，科技无所不在地改变着人们的生活。科学研究的基本原则是主客二分。在研究中，人是认识者，是主体。人与时空中万物的关系是外在的、对立的关系。而有待认识的外在之物是客体，它们只是被认识和被征服的对象，只是有待改造而为"我"所用的对象。在研究中，要保持研究的客观性。科学研究的这种主客二分的认识论成为普遍原则，它已成为科学研究的基本信奉，也已同进入日常生活的科技产品一起，被现代社

---

❶ 我们这里探讨的教育主体就是在这种更一般、更普遍的意义上而言的。因此，它与主体教育有着明显的区别。主体教育主要是作为一种理论与实践的流派而出现的。

❷ 金生鈜曾于 1995 年在《西南师范大学学报》（哲学社会科学版）第 1 期发表《超越主客体：对师生关系的阐释》一文，对学界主客二分的认识论研究取向提出了质疑。

会的人们所接受，并成为普遍的信奉。于是，现代社会逐渐成
为"主体"的社会。

主体主义的二元对立所产生的理智的力量能够排山倒海，
无孔不入，对理论家和公众的思考产生的影响不可估量，惜乎
常常为人视而不见。它的默默无闻是它的衡量权力的尺度，其
程度已经到了我们习惯于把它当作自然而然、不可逆转的地步
了。把所有的存在物分隔成两块，一方面是我自己内心的经验
的思考，我就是内部，另一方面是世界的其余部分，我在其中
行为、观察着的外部，难道还有比这做法更为顺理成章的吗？❶

二、主体哲学的坚实构筑

教育中的主体研究与现代社会的主体主义都有着深厚的哲
学基础。它们是传统哲学中主客二分认识论的具体展现。然
而，在哲学中，主体的历史可以以各种不同的方式来述说：作
为一部解放的或是失落的历史，但也可作为持续的灾难史。❷

在哲学史上，主体概念比客体概念出现得要早。早在古希
腊时期，亚里士多德就使用了主体这个概念。正如前面我们说
到的，亚里士多德的主体概念是存在论意义上的，而不是现代

---

❶　劳伦斯·E.卡洪.现代性的困境：哲学、文化和反文化［M］.王志宏，译.
　　北京：商务印书馆，2008：44-45.
❷　彼得·毕尔格.主体的退隐［M］.陈良梅，夏清，译.南京：南京大学出版
　　社，2004：218.

认识论意义上的。中世纪的经院哲学家对主体思想并没有什么发展，只是将古希腊哲学家的观点加以系统化，同时按照基督教教义的需要进行了改造。从近代开始，由于认识的深化，哲学家逐渐认识到，要正确地了解和把握一个对象，就要研究认识对象——客体本身，同时还要研究认识主体本身。这样才能够使世界为人所认识、为人所利用。于是，西方近代哲学研究的重点从存在论走向了认识论。

近代哲学研究的主体是如何认识和如何改造客观世界的主体，即人。所要研究的客体，是与主体相联系的客体，即对主体有意义的客体。因此近代哲学探讨的客体世界就是对人而言的经验世界和价值世界。

（一）笛卡尔对主客二分论的确立

在哲学史上，明确地把主体与客体对立起来，以"主客二分"式为主导原则的哲学家是笛卡尔。作为唯理论的开拓者，笛卡尔提出了"我思故我在"的著名认识论命题，从而将主体与客体世界对立起来。

笛卡尔是现代主体主义的奠基人。他关于思维的实体和广延的实体的形而上学的二元论既为他赢得了举世闻名的声誉，又招致几乎是万口一辞的批评，尽管如此，但几乎没有当代哲学家注意到，迄今为止，笛卡尔那些具有奠基性意义的主体主义的阐释范畴依旧箍住了我们的思想。我们当中绝大部分人仍

然是隐蔽的新笛卡尔主义者。❶

笛卡尔从怀疑开始他的哲学沉思。"我不得不承认，凡是我早先信以为真的见解，没有一个是我现在不能怀疑的，这决不是由于考虑不周或轻率的缘故，而是由于强有力的、经过深思熟虑的理由。"❷ 普遍怀疑是笛卡尔"第一沉思"的主要内容。然而，笛卡尔不是把怀疑本身作为目的，不是为怀疑而怀疑，只是把怀疑作为认识过程中的一个环节。

那么，什么是不可怀疑的呢？"如果我曾说服我自己相信什么东西，或者仅是我想到过的什么东西，那么毫无疑问我是存在的。"❸ 即是说，只要我思想，我就存在。这是确定无疑的事情。我正想到的客体可能是虚假的，但我在思想，以及作为思想者的我的存在是真实的。我可以怀疑一切，但怀疑本身，以及怀疑者的存在是不能怀疑的。这样，笛卡尔把主体的这种特征以极端的方式表述出来——我（主体），即思维。"就是因为我确实认识到我存在，同时除了我是一个在思维的东西之外，我又看不出有什么别的东西必然属于我的本性或属于我的本质，所以我确实有把握断言我的本质就在于我是一个思维的东西，或者就在于我是一个实体，这个实体的全部本质或本性就是思维。"❹

---

❶　劳伦斯·E. 卡洪. 现代性的困境：哲学、文化和反文化［M］. 王志宏，译.
　　北京：商务印书馆，2008：62.
❷　笛卡尔. 第一哲学沉思集［M］. 庞景仁，译. 北京：商务印书馆，1986：19.
❸　笛卡尔. 第一哲学沉思集［M］. 庞景仁，译. 北京：商务印书馆，1986：23.
❹　笛卡尔. 第一哲学沉思集［M］. 庞景仁，译. 北京：商务印书馆，1986：82.

这样，就由怀疑开始，通过对我思的肯定，从而确证了我的存在。也就是从对我存在的确证开始，人这个主体诞生了，人也开始从万物中独立出来。这样，人成为主体，万物成为有待认识的客体。

实际上，正像笛卡尔所开创的那样，对主体性的强调，反映出人们试图发现一种毋庸置疑的出发点，从而达到更可靠的"客观"知识的一种努力。我们可以补充一下，同样的强调也蕴涵着一种对"思维实体"和"广延物质"或知识"主体"与"客体"的划分——这种划分恰恰构成理性主义与经验主义两种观点的主脉。❶

（二）经验论对主客二分论的发展

经验论与唯理论的基本分歧在知识的起源问题上。唯理论主张，具有确定性和可靠性的知识来源于人所固有的观念和能力。而经验论主张，一切知识最初都来源于经验。

因此，"经验"是经验论的基本范畴。经验，按照多数经验论者的观点，主要指客观事物作用于感官的一种结果，是对客观事物的一种反映。这样，经验论者就面临一个问题：感觉是如何反映客观事物的？这种反映是纯客观的，即主体感觉到的性质也就是客体本身的性质，还是反映中有主体的成分，即

---

❶ 弗莱德·R.多尔迈.主体性的黄昏［M］.万俊人，朱国钧，吴海针，译.上海：上海人民出版社，1992：2.

客体在主体接受的过程中就内含了主体的成分？也就是说，经验中是否有主体性的因素？如果有，那么程度又如何呢？对这些问题的不同回答，构成了经验论者的不同主张。

培根是近代经验主义的首倡者，他主张主体的认识起源于感觉经验。"全部解释自然的工作是从感官开始，是从感官的认识经由一条径直的、有规则的和防护好的途径以达于理解力的认知，也即达到真确的概念和原理。"❶既然感觉经验如此重要，那么它的性质和作用是怎样的呢？对此，培根是矛盾的，它不怀疑经验的客观性，同时又对主体感觉的可靠性提出怀疑。也就是说，经验不是纯客观的，而是依据主体的尺度，渗入了主体自身的成分。于是，经验的主体性问题就被提出来了，并且成为后来经验论者必须回答的问题。

霍布斯对经验的主体性持肯定的态度。他的论述首先从经验的发生过程开始。他认为，经验的发生过程也就是客体所引起的主体内部心智运动的过程。接着他以感觉发生的具体过程为依据，用以说明经验的过程实际上是一个由现实存在到幻象的过程。过程的一端是客体本身，而另一端则是经验主体。因此，经验不具有完全的客观性，而带有不可避免的主体因素。

洛克对经验主体性问题的论述比前人系统和明确。这主要表现在他关于"第一性质"和"第二性质"的学说中。洛克的"性质"是指客体所具有的使主体形成经验的能力。"第一性质"是指客体本身的属性，如广袤、运动、静止、数目等。"第二性质"是指客体在颜色、声音、气味、滋味等方面引起

---

❶ 培根. 新工具［M］.许宝骙，译. 北京：商务印书馆，1984：216–217.

主体产生的观念。洛克认为，关于"第一性质"的观念是客体的"真实的肖像"，而"第二性质"的观念在很大程度上依赖于主体自身。也就是说，"第二性质"的观念一方面来自客体自身，另一方面还取决于主体因素。

在近代经验论哲学中，哲学家大都肯定经验与客体有关，也肯定经验与主体有关。然而，贝克莱却采用了极端的形式。贝克莱将作为知识对象的客体称为观念，认为观念包含着对主体的"一种必然的联系"，即被主体所感知。观念若不为主体所感知，便不可能存在，也不可能成为"客体"。这样，贝克莱就从感知与被感知相互关联的意义上规定主体和客体，从而得出"存在就是被感知"的结论。

与贝克莱等前辈哲学家相比，休谟更为彻底地探讨了主体的认识问题。他揭示了感觉经验不可避免地受制于认识主体自身，主体所能认识的只是那些能够直接感知到的客体，凡是超越主体经验范围的客体都不予以回答。这就划定了主体的认识界限。

（三）康德对主客二分论的贡献

唯理论从对我思的肯定出发，将主体从万物中独立出来，而万物成为客体。这种客体就是实体（substance）。实体的形式尽管多样，如上帝、心灵、物体或者自然，但是在唯理论者看来，实体是世界中的基本存在物。就与主体的关系而言，它自足自因，不取决于主体，而是可以独立于主体的客观存在。

经验论者从对经验与主体、经验与客体的关系中探讨主体与客体的关系问题。他们从肯定经验的主体性出发，经过培根、霍布斯、洛克、贝克莱和休谟等人的不断发展，最终走向了唯我论和怀疑论。他们否认主体之外的客体存在，而将客体归于主体的"幻象"。

唯理论和经验论的学说存在矛盾和对立之处。如何继承二者的合理性因素，成就一种融合二者优长的新学说，从而推动认识论的新发展，这成为摆在德国古典哲学家面前的必须思考和回答的问题，而康德是其中的佼佼者。

康德对唯理论和经验论进行了扬弃。对于唯理论，康德批评其忽略经验，进而忽略客体在认识过程中的作用，批评唯理论"思维无内容则空"。同时，他也继承了唯理论的主张，承认主体具有先验概念，先验概念可以能动地综合知识材料，并保证经验知识的必然性和普遍性。对于经验论，康德批判其轻视主体的概念系统对经验材料的能动综合作用，批评经验论"直观无概念则盲"。同时，他也继承了经验论的主张。近代经验论主张主体感觉到的客体不等于客体自身的性质，因为它已受到感觉主体的浸染，必然带有主体自身的性质。康德在继承经验论这一思想的基础上，提出客体作用于主体而产生的感觉材料要受到主体固有直观形式的综合整理，形成感性经验。并且，他把这种先验直观形式具体地规定为时间和空间。"从经验直观中取去属于感觉之一切事物，于是除感性所能先天的唯一提供之纯粹直观及现象之纯然方式以外，无一物存留。在此种研究途程中，将发见有两种感性直观之纯粹方式，用为先天的知识原理，即空间与时间。"❶ 总体而言，康德的经验论色彩更浓厚一些。他说休谟把他从独断主义的迷梦中惊醒，给他指出了一个完全不同于以往的方向。

康德认识论中的主体与客体概念的含义大致有三：一是人与外物。"我说：作为我们的感官对象而存在于我们之外的物是已有的，但我们不知道这些物本身可能是什么样子，只知道它们的现象，即它们通过作用我们的感官而在我们之内所发生的表象。因此无论如何，我承认在我们之外有物体存在，也就是说，这些物体本身有什么东西我们完全不知道，但是我们通过它们影响我们的感性而引起的表象知道它们，我们把这些东西称为'物体'，这个名称虽然仅仅指我们所不知道的东西的现象，但不能因此而否认对象的实存性。"❷ 在这里，康德表达了三层意思："我们之外有物存在"；外物能够"作用于我们的感官"；这种现象并不完全反映客体自身状况。二是能思主体与自在客体。康德认识论中的能思主体主要指认知活动中的主体，而不是道德主体或审美主体。自在客体主要指作为能思主体的对立物而存在的客体。康德指出，主体的认知活动是一种能动的综合统一活动。客体通过主体的先验直观形式而形成感性知识，进而为主体知性所把握，从而形成主体对客体的认识。因此，认识必须以能思主体为前提。就自在客体而言，康德反复强调，无论如何，我们不能否认主体之外的对象的实存

---

❶ 康德. 纯粹理性批判［M］.蓝公武，译. 北京：商务印书馆. 2005：50–51.

❷ 康德. 未来形而上学导论［M］.庞景仁，译. 北京：商务印书馆，1978：50–51.

性，尽管我们只能知道它的现象。三是主体的先天认识形式与作为现象总和的自然界。主体的先天认识形式在感性阶段表现为空间直观与时间直观，而在知性阶段表现为因果性等 12 个范畴。自然界指通过主体的先天认识形式整理的感觉材料、经验材料而形成的具有综合统一性的现象界。从主观方面而言，主体的先天认识形式具有能动的综合能力，能够赋予自然界以秩序性和统一性，也就是"人为自然立法"。从客观方面而言，客体是主体对象化的落实处，主体的认识必须在客体处表现出来。

在规定了主体和客体之后，康德力图使主体与客体在认识论领域中联结起来。首先，主体与客体通过经验知识而联结起来。也就是说，主体与客体通过间接的方式而统一起来。主体的经验知识虽然不能反映物自体，但它毕竟是客体对主体形成的一种反映，其中既有客体的因素，也有主体的因素。其次，现象是主体与客体统一的方式。先天直观形式通过空间直观和时间直观而将客体加以整理，并通过知性范畴而形成对客体的认识，即现象。这样，主体就可以赋予客体以秩序性、客观性，而客体得以为主体所把握。

（四）康德之后的主客二分论

康德之后的古典哲学家中，费希特、谢林、黑格尔和费尔巴哈等人也对主客二分论提出了自己的见解。他们都在扬弃前辈哲学家有关主客二分理论的基础上提出自己的见解，从而使主客二分理论一步一步推向深化。

康德不否认主体与客体之间的联系，但把这种联系理解为间接性的，即通过现象而间接实现。

费希特否认主体与客体的间接联系，而明确肯定主体与客体的直接联系。同时，他又指出了主体与客体间的差别性：主体与客体不完全在同一个层次上，主体是能动的设定者，而客体则是被设定者，二者统一性的根据仅在主体自身。主体与客体有统一性，但没有同一性。

谢林赞同费希特关于主体与客体直接相关的观点，但是不赞成他关于二者差别性的主张。谢林认为，费希特给予了主体过多的至尊性，从而在一定程度上剥夺了客体的地位。作为最高本原的东西必然是主体和客体，它们既具有统一性，又具有同一性。"一切知识都以客观东西和主观东西的一致为基础。……在知识活动本身，即当我进行认识时，客观的东西和主观的东西是统一在一起的，以致我们不能说二者当中何者居先。这里既不存在第一位的东西，也不存在什么第二位的东西，两者同时存在，而且是一个东西。"❶

黑格尔继承了康德、费希特、谢林以来有关主客理论的思想。他肯定了主体与客体的统一性，并把这种统一性看作绝对精神自我运动所追求的目的，同时也将其作为他的哲学体系所要阐述的中心问题。因此，黑格尔对主客体问题的讨论较为全面，贯穿于他庞大的哲学体系之中，在其《逻辑学》等著作中对主客体问题作了较为充分的论述。

---

❶ 谢林. 先验唯心论体系［M］.梁志学，石泉，译. 北京：商务印书馆，1976：6.

在主客体问题上，费尔巴哈注重的是主体，关心的是人。"对人来说，人就是上帝——这就是至高无上的实践原则，就是世界史的枢轴。"❶但是，费尔巴哈没有因突出主体而把人从主客体关系中孤立出来，没有使主体与客体相分离。他肯定主体，也肯定客体。他承认思想与其对象间的统一性。他认为主客体统一性的基础不是主体，也不是绝对精神，主张自然是人存在的基础，客体世界制约着主体的发展。

（五）一个尚待说明的问题

我们从古希腊亚里士多德开始说起，分析了唯理论的开拓者笛卡尔的主客二分论，探讨了经验论者培根、霍布斯、洛克、贝克莱和休谟等人的主客体观，重点考察了康德的主客二分理论的内涵，分别明确了康德之后的哲学家费希特、谢林、黑格尔和费尔巴哈的主客二分理论的主张。这里，我们似乎是为了大致勾勒出主客体理论的"发展史"。

然而，我们的目的却不在于此。我们勾勒主客体理论的"发展史"，根本目的不在于把握每个哲学家的主张，也不在于论说每个哲学家的短长。我们的根本目的在于，以对十余位哲学家主客体理论的勾勒，以其经过的千百年的不断演化发展，说明主客二元的认识论是如何一步一步构建起来，从而根深蒂固的；说明它是如何牢牢地占据统治地位，从而成为现代性的根基的；说明它是如何能隐蔽地支配现代人的思想和行为，从

❶　路德维希·费尔巴哈. 费尔巴哈哲学著作选集：上卷［M］. 荣振华，译. 北京：商务印书馆，1984：247.

而致使人们对它习焉不察的。

在教育理论研究中，教学主体假设主要是建立在传统的主体哲学基础之上的，是传统主体哲学理论在教育教学理论研究中的延伸。因此，教学主体假设的根源性问题必须回到传统的主体哲学中加以探讨，也必须在主体哲学的现代困境中加以厘清。

三、主体哲学的现代困境

辩证法是无法逃避的。在现代社会，人作为主体而取得了辉煌的"成果"，同时也发现自己正处在前所未有的困境之中。"主体性的困境就是作为主体的人的困境，它与每个人相关，是任何人都不能回避的。"❶ 面对主体的困境，有人宣称"主体已经声名狼藉""主体性的黄昏""主体的退隐"，甚至宣称"主体死亡"。"在反思笛卡尔'思维实体'或'思维主体'的遗产时，奥特加·加塞特写道：'假如这个作为现代性根基的主体性观念应该予以取代的话；假如有一种更深刻更确实的观念会使它成为无效的话；那么这将意味着一种新的气候、一个新的时代的开始。'"❷ "在我开始叙述主体性历史之时，我的出发点是这样的推测：关于主体死亡的言说所标明的，如果不是一个划时代的变革，那么至少也是一桩极为引人注目的重大事

---

❶ 郭湛．主体性哲学：人的存在及其意义［M］．昆明：云南人民出版社，2002：232.

❷ 弗莱德·R.多尔迈．主体性的黄昏［M］．万俊人，朱国钧，吴海针，译．上海：上海人民出版社，1992：1.

件。"❶主体与主体性的困境像一片泥潭，人不仅深陷其中，而且愈陷愈深。人能否走出这片泥潭，对人自己是一个严峻的、历史的考验。"主体主义已经持续到了它自然结束的日子。它的不利条件已经超过了它可能的贡献。它的各种悖论和困难使它难以襄助我们走出我们目前的思想困境。"❷

在 20 世纪，对主体哲学的批判与拯救是沿着两条道路展开的：一条是胡塞尔和哈贝马斯等所努力开创的主体间性道路，另一条是以海德格尔为代表所开创的存在论转向的道路。"主体间性"是主体哲学的认识论的进一步发展，在一定程度上克服了主体哲学的困境。然而，它无法脱离认识论的窠臼，也就无法从根本上克服主体哲学的困境。因此，海德格尔等哲学家所开创的道路是走出主体哲学的现代困境的必然选择。❸

（一）作为认识的主体：被异化

1. 哲学中异化的概念

异化，英文一词的动词是 alienate，名词是 alienation；法文一词的动词是 aliéner，名词是 alienation。其意思是离间、使不和、使疏远、转移（财产的）所有权、让渡、转让和出卖等。

---

❶ 彼得·毕尔格. 主体的退隐［M］.陈良梅，夏清，译. 南京：南京大学出版社，2004：200.
❷ 劳伦斯·E. 卡洪. 现代性的困境：哲学、文化和反文化［M］.王志宏，译. 北京：商务印书馆，2008：360.
❸ 在教育领域，有学者根据主体间性理论，主张教育学研究与教育实践应该从主体性走向主体间性。这是有一定的积极意义的。

异化作为哲学范畴，反映的是主客体之间的对抗性关系。这种对抗是在一定的历史条件下发生的。因此，异化也是一个历史的现象。

主体自身的异化不是存在于哲学的抽象思辨的方式中的，而是社会中人的存在的现实状态。主体虽然本身发生异化，但表面上仍然可能保持着主体的形式。作为一种内在的异化，需要借助理论思维才能把握。在近现代的哲学史中，对于主体的异化的揭示几乎完全是借助哲学的思辨完成的。然而，发现和揭示主体异化是以思维方式存在的哲学思辨，却并不意味着异化是哲学思辨的产物。在对主体异化的分析中，主体性的困境遭到了马克思主义、法兰克福学派、存在主义和后现代主义等众多理论的批判。它们批判主体的退隐、虚假和死亡，批判主体的客体化以及其对存在自身的遗忘。

2.马克思主义和法兰克福学派对异化的批判

在哲学史上，黑格尔可能首先使用了异化这一概念。在《精神现象学》一书中，黑格尔指出了异化这一概念的双重含义：一是主体向对立面的转化；二是"绝对观念"外化为"压迫性"的、"吞噬"他（主体）的力量。费尔巴哈将异化运用到对宗教的批判上，探讨了在对上帝的信仰中而导致的人的异化问题。

马克思在批判继承黑格尔和费尔巴哈的异化思想的基础上，提出了劳动异化理论，其主要体现在《1844年经济学哲学手稿》一书中。在该书中，作为一个哲学概念，异化是指主体在自己的发展过程中，由于自身的活动而产生自己的对立面，然后这个对立面又作为一种外在的、异己的力量反过来反对主体自身。马克思以劳动为分析的入口，描述了异化的四重含义：劳动者和劳动产品相异化，劳动者和劳动自身相异化，人的类本质同人相异化，人与人的关系相异化。

法兰克福学派在继承马克思异化理论的基础上，提出了批判理论。这一学派在批判意识形态的过程中，探讨了人的主体性问题。霍克海默认为，传统理论的渊源是笛卡尔的主客二分的两极划分。而康德和黑格尔在对传统认识论的发展中塑造了"一般主体"。个体的认知依赖于这个"一般主体"。现代社会正是在这种传统认知模式的支撑下完成的。这样，就构成了自由与必然、个人与社会之间的二律背反。而主体在这种二律背反中被异化。阿多诺认为，西方哲学的全部历程，特别是在现代阶段，都是由对主体性的不断强调而组成的，并且是与不断使这些术语的意义精致化的过程交织在一起的。然而，主体愈能自律地超越于实体王国之上，它就愈是秘密地变成一个客体，因而也就具有讽刺意味地取消了主体的构成性作用。以主体性（单称意义上的主体性或普遍意义上的主体性）为基础最有害的必然结论之一，是在各种力量的斗争问题上纠缠不清，特别是在人主宰其环境的斗争这一问题上纠缠不清。❶ 在霍克海默和阿多诺看来，自我作为主体不再是支配者，而成了被支配对象。这主要源于主体维持自我生存的需要。人必须首先维持自身的生存，才可能进一步超越动物式的生存，达到人的生

---

❶ 弗莱德・R.多尔迈. 主体性的黄昏［M］.万俊人，朱国钧，吴海针，译. 上海：上海人民出版社，1992：201-203.

存。"人对自我本身的支配是以自我本身为依据的，这种支配可能总是意味着工作中主体的消亡，因为被支配的、被压迫的和通过维持自我生存而消失的实体，只不过是生者。"❶ 与霍克海默和阿多诺不同，哈贝马斯将重新确定异化批判的边际视为己任。就是说，哈贝马斯将那些必须由工具理性主宰的社会领域同生活世界相分离。这是因为，生活世界服从的是交往原则。于是，哈贝马斯与主体哲学分道扬镳，而转向主体间的交往范式。马尔库塞提出："当个人认为自己同强加于他们身上的存在相一致并从中得到自己的发展和满足时，异化的观念好像就成问题了。这种一致化的过程并非虚构而确是现实。然而这种现实又构成了异化的更高阶段。后者已经完全变成客观的事实；异化了的主体被其异化了的存在所吞没。这里存在的只是一种向度，而且它无处不在、形式多样。"❷ 而且人作为主体是否被奴役，"'既不是由服从，也不是由工作难度，而是由人作为一种单纯的工具、人沦为物的状况'来决定的。作为一种工具、一种物而存在，是奴役状态的纯粹形式"❸。

3.后现代主义对主体的瓦解

如果说马克思主义和法兰克福学派对主体哲学的批判是社会意义上的、指向现实的话，那么后现代主义的批判则更侧重

---

❶ 霍克海默，阿多诺. 启蒙辩证法［M］.洪佩郁，蔺月峰，译. 重庆：重庆出版社，1990：49.

❷ 赫伯特·马尔库塞. 单向度的人：发达工业社会意识形态研究［M］.刘继，译. 上海：上海译文出版社，2008：10.

❸ 赫伯特·马尔库塞. 单向度的人：发达工业社会意识形态研究［M］.刘继，译. 上海：上海译文出版社，2008：28.

在观念上。后现代主义批判的主要对象是现代社会的"现代性"，而这种现代性是以反映现代性观念表达出来的。在后现代主义者看来，主体性正是典型的现代性观念之一。后现代主义者之间尽管意见不完全一致，但是，他们都在不同程度上揭示了当代人类作为主体的矛盾境况。在对主体性的批判上，利奥塔和福柯是其中的代表。

在对主体的问题上，福柯有一点是与霍克海默和阿多诺相一致的，即我们不是作为主体降生的，而是被造就成主体的。福柯将主体模式理解为强制机制，是因为他将主体的瓦解视作救赎。"主体是现代社会的一个核心范畴，谈论主体的死亡，表达出的很可能是我们所处的这个时代交替时期的意识。"❶ 在福柯看来，主体的死亡，对于言说的我仿佛是一个解放，将之从没有赋予他可以生存之处的境地解放出来。

在利奥塔看来，"不论是作为最高的价值、创造世界的上帝、绝对的本质还是作为理念、绝对精神、意义或交往的关联系统，或者在现代自然科学中作为认识一切、改造一切的主体，都只不过是人的精神创造出来用以自我安慰、自我欺骗的东西而已"❷。然而，这并不意味着利奥塔完全否定主体。在利奥塔看来，存在两种主体：一种是"真正的主体"，另一种是"虚假的主体"。他所要否定的是"虚假的主体"。它是"异化

---

❶ 彼得·毕尔格. 主体的退隐［M］.陈良梅，夏清，译. 南京：南京大学出版社，2004：4.

❷ 让-弗·利奥塔，等. 后现代主义［M］.赵一凡，等译. 北京：社会科学文献出版社，1999：31.

了的主体"，是由于被统治和禁锢而片面的主体。他认为，以僵化的、外在化的理性压制人，恰恰是对主体的否定。

4. 存在主义对主客二分的拒斥

存在主义哲学家在认识论的意义上批判人的客体化。他们大多使用"客体化"这一概念，而不使用马克思的"异化"概念。但是他们一般是在马克思异化概念的意义上使用客体化的概念的。● 在存在主义者看来，客体化就是把人向外抛，外化，使人服从空间、时间、因果和理性化条件。作为观念的存在就是异化和客体化，它把自由变成必然，把个别变成一般，把个性变成非个性，是抽象理性的胜利，这个理性丧失了与人的生存的联系。主体自身的客体化是在主客体关系中发生的，是主体的主体性的丧失，是主客体地位的颠倒。"人生不是及物动词的囚徒。那总需事物为对象的活动并非人生之全部内容。我感觉某物，我知觉某物，我想像某物，我意欲某物，我体味某物，我思想某物——凡此种种绝对构不成人生。凡此种种皆是'它'之国度的根基。"● "任何操劳向来都已经如其所是地依据于对世界的熟悉。在这种熟悉中，此在可能失落自身于世内照面的东西，可能神魂颠倒于这些东西。"●

存在主义者认为，人的客体化产生于主客二分的认识论之

● 郭丽双. 对客体化世界的反抗：别尔嘉耶夫思想研究［M］. 上海：上海社会科学院出版社，2008：81.

● 马丁·布伯. 我与你［M］. 陈维纲，译. 北京：生活·读书·新知三联书店，2002：2.

● 海德格尔. 存在与时间［M］. 陈嘉映，王庆节，译. 北京：生活·读书·新知三联书店，2008：89.

中。"认识具有不同程度的客体化。数学认识中的客体化程度
最强，最彰显人人遵依的性质（这尤能吞噬整个文明化的人
类），最远离人的生存，最远离对人的生存意义和价值的认识。
通常是：认识愈显示客体化和人人遵依的性质，则愈舍弃人的
生存。……客体和客体化不为主体而存在，而是奴役主体。也
可以说，这是主体以客体化奴役自身，营造决定论的王国。或
者说，是主体跌落进它自身的外化的统治中。"❶ 这样，在认识
论中，存在即异化，即客体化。具体说，存在把自由转换成了
必然性，把个别的转换成了普遍的，把个体性的转换成了非个
体性的，而与人的生存无任何关系的理性却独占鳌头。因此，
人的解救务在返回精神自身，即返回自由。❷

　　在对客体化的批判方面，别尔嘉耶夫是其中的佼佼者。他
从认识论的维度，集中批判了人的客体化。首先他批判的是客
体化的存在。别尔嘉耶夫所讨论的存在是抽象的理性化的存
在。它根源于希腊本体论传统，即理性寻求独立于经验世界之
外的"理念""绝对精神"等普遍性的决定论的存在。在别尔嘉
耶夫看来，从巴门尼德到柏拉图再到黑格尔，构建了理念的、
共相的和客体化的存在，而它们才是真实的。而个别的、多
样的世界仅是次要的、反映的世界，全无真实可言。而这个客
体化的经验世界是普遍的、法则的、必然的王国，一切个别的
和个体人格的都被纳入共相原则的强制规范中。个别的、独特

---

❶ 尼古拉·别尔嘉耶夫. 人的奴役与自由［M］. 徐黎明，译. 贵阳：贵州人民
　　出版社，2007：80.

❷ 尼古拉·别尔嘉耶夫. 人的奴役与自由［M］. 徐黎明，译. 贵阳：贵州人民
　　出版社，2007：48.

的、个体人格的、自由的王国被排斥在外。这一存在因其普遍性和决定论的客体化意蕴，先于自由而存在。因而它将人向外抛出，使人处于被奴役的统治秩序之下，将人导向客体化。

其次是客体化的自然。别尔嘉耶夫认为，客体化的自然伙同它的决定论一起向人出售它的负面价值，把人贬为奴隶。别尔嘉耶夫所指的自然，不是原初意义上的宇宙生命，如动植物、海洋、星辰等，它们都拥有内在的生存，不属于客体化领域。他所指的自然是因主客认识论而导致的因果必然性统治下的自然。在这样的自然中，人被科学主义所决定。于是，一切都沦为有待认识的客体。而人也因主客认识论而遭遇客体化。"物质显示依赖性和外在的决定性，所以它是客体。物质如果是主体，便不再是物质，而是内在的生存。不断增长着的物质性强化人的奴役地位。奴役即物化。物质自身除给予人以沉重的客体性，便空空然矣。物质性即客体化，即生存的物化。……甚至可以说，奴役人的最酷烈的形式莫过于物质性和物质的必然性，因为这一形式总轻捷地攻占一切。"❶

最后是客体化的文明。别尔嘉耶夫认为，从认识论的角度来看，人类文明逐渐取得了独立的地位，正在成为一个自在的客体世界，越来越成为人客体化的最主要根源。"人感受到自身被文明世界的破碎的多样性所挤压，人被置于一种特殊的工具的统治下。这正是人受到的奴役和人面临的困境。当今，在人每天的生活里，物质的多样性与日俱增，致使人更无法摆脱

---

❶ 尼古拉·别尔嘉耶夫. 人的奴役与自由［M］.徐黎明，译. 贵阳：贵州人民出版社，2007：64.

物质的诱惑和统治。复杂化了的文明给予人的仅仅是：人栖息于文明的种种规范和条件之下，人自身也被规则化。换言之，在文明中，人的一切生存被客体化，即外化和向外抛出。显然，这不仅因于自然世界，也因于文明世界。"❶

别尔嘉耶夫在对种种客体化对象的认识论的分析中指出了客体化的严重危害。他指出："现在，人遭受的最大险情是误入客体化的道路，是机械化和自动化。人的凡属机械化和自动化的那一切，都是无个体性和非个体性的。"❷ 这个"无个体性和非个体性"的"我"就是"非我"。客体化造就了一个"非我"，"非我"总是将人向外抛出，在被抛出的境地中，人与上手事物打交道，从而将"此在"遗忘。"非我"将生命异化为功能，因为"非我"的价值就是功能，功能成为生命的代名词。功能是机械的特点，人被机械化了。"非我"的价值就是手段和工具。"非我"在认识论的意义上总是将人向外抛出。在被抛出的境地中，人与"上手事物"打交道，服从于空间、时间、因果和理性化的"排定"，从而遗忘自由。而人在抛出境地的"非我"中确证自我、获得尊严。这样，人也就越是投身于"非我"，越是遗忘了自由。

别尔嘉耶夫还认为，创造是属人的，人一旦客体化了，就失去了创造性。因为所谓的创造不是来自人类的最本己的生命冲动，不是生命之流的喷涌而出。"拒斥客体化世界的奴役，

❶ 尼古拉·别尔嘉耶夫. 人的奴役与自由［M］.徐黎明，译. 贵阳：贵州人民出版社，2007：83.

❷ 尼古拉·别尔嘉耶夫. 人的奴役与自由［M］.徐黎明，译. 贵阳：贵州人民出版社，2007：24.

重新点燃在创作作品中的创造火花，并不意味着创造者在自己的创造中停止传达自己，停止实现自己；而意味着挣扎，即在创造的最大生存性中，在最大的主体性对世界客体性的攻克中，创造者凭借创造行动，突破客体化的封闭的循环。创造的意义即是迫使世界转向，而不是在对客体性的增强中去加固这个世界。创造即拒斥世界的客体性，拒斥物质，拒斥必然性。这是奋斗和挣扎。"❶

（二）作为主体的存在：被遗忘

从认识论的角度来看，柏拉图的"理念"作为客观的观念是"认识"的目标，可以视为主客二分的先河。笛卡尔明确地将主体与客体对立起来，以"主客二分"为哲学的主导原则，成为主客认识论的创始人。黑格尔是主客二分思想的集大成者。他的"绝对精神"是主体与客体的最高统一。这样，主体哲学就建立起来了。主体哲学是现代社会的本质，也是支配现代社会的基石。但是，海德格尔认为，现代性的本质应该是人把自己从中世纪的羁绊下解放出来而成为他自己。但在这个过程中，不是人完全解放了自我，而是人的本质发生了变化——人成了主体。于是，现代就变成了海德格尔所说的"世界图像"的时代。"'世界图像'一词并非指一幅关于世界的图画、画像或摹本，而意指世界本身，即存在者整体。"❷ 这样，

---

❶ 尼古拉·别尔嘉耶夫. 人的奴役与自由［M］.徐黎明，译. 贵阳：贵州人民出版社，2007：89.

❷ 海德格尔. 林中路［M］.孙周兴，译. 上海：上海译文出版社，2004：23.

世界就被图像化，人将世界把握为图像。"对于近现代之本质具有决定性意义的两大进程——亦即世界成为图像和人成为主体——无独有偶，交互作用，这一相关性说明了乍看起来近乎荒诞的现代历史的基本进程。这也就是说，对世界作为被征服的对象世界的支配越是广泛和深入，客体之显现越是客观。"❶

马克思主义、法兰克福学派在社会的、现实的意义上批判人的异化。存在主义广泛而深入地拒斥人的客体化，后现代主义在现代性的观念上瓦解主体。但他们大都是在认识论的领域探讨主体和主体性问题。"在当代社会，主体性不仅是与人的思维相关联的认识论观念，还是与人的存在相关联的存在论观念。认识论意义上的主体性概念，由于其形而上学的特征而遭到具有实证主义倾向的科学和哲学的拒斥。在认识和认识论中是否还有主体和主体性的位置，这是一个有待进一步厘清的问题。然而在存在论或生存论中，面对人的现实存在及其意义，主体和主体性的问题是无法回避的。"❷

自近现代以来，在主客二分的表象性思维（对象思维）与抽象思维（概念思维）的共同作用下，西方的现代性研究状况的主流一直是以异化的形式出现的，现代性一步步离弃了作为"思想"的本真的原初态（这同时意味着渐离渐远与现代性"存在"本身），而堕落为一种退滞在存在者（包括对象物及其

---

❶　海德格尔. 林中路［M］. 孙周兴，译. 上海：上海译文出版社，2004：53.
❷　郭湛. 主体性哲学：人的存在及其意义［M］. 昆明：云南人民出版社，2002：228-229.

本质）研究层面上的思维"理论"或知识谱系。……这种现代性理解上的"学"究式研究方式和套路，在对现代性的批判上存在着一种显而易见的内在困境，那就是，用囿于现代性的主客二分、二元对立的形而上学思维模式去批判现代性总是失效的。因为批判的工具一旦被应被批判的对象所支配，批判活动本身就永远逃不脱受批判的命运。因此，必须用超越现代性思维方式的方式去批判现代性才有效，才能真正超越现代性。❶

1.海德格尔对存在被遗忘的批判

海德格尔批判主客二分的认识论，主张重新回到存在上来。

海德格尔毫不含糊地肃清主体主义的语言。他的理论大厦重新开启了存在的意义问题，从整体上看起来，它从根本上动摇了划分主体性领域和非主体性领域的任何做法。❷

海德格尔虽然不是主张完全否定主客二分的哲学家，但是在他看来，从柏拉图至黑格尔的旧形而上学的根基是"主—客"式。这种方式导致了对存在的遗忘，对此在的消解。而人作为"此在"与"世界"的"在之中"关系优先于"主体与客体"的"在之中"关系，即"人—世界"的合一优先于"主—

---

❶ 李智. 论海德格尔的现代性批判：另一种后现代主义［M］.北京：首都师范大学出版社，2003：5.

❷ 劳伦斯·E. 卡洪. 现代性的困境：哲学、文化和反文化［M］.王志宏，译.北京：商务印书馆，2008：222.

客"式。人不是站在世界之外"旁观"世界，而是作为参与者"纠缠"在世界万物之中。这种"纠缠"就是"环顾"，就是人寓居于世界之中，人与世界万物融而为一，而不是主体与客体的二分。这样，海德格尔的基础存在论就完全放弃了主客二分的思维方式，而重新将存在"唤上前来"。

海德格尔说，人在世界之中存在。"在世界之中"的"在之中"有两种含义。海德格尔认为一种含义是指两个现存的东西，一个在另一个"之中"。例如，书在图书馆"之中"，我在教室"之中"。按照这种意义的"之中"理解人与世界的关系。那么，人就是一个现成的东西（人）在另一个现成的东西（世界）"之中"存在。这两者是并列的、彼此外在的关系。这样，人似乎就独立于世界之外。海德格尔认为，西方哲学传统中的主客关系就是这样的"之中"关系：客体是现成的被认识者，主体是现成的认识者，两者彼此外在。这样，问题就产生了：主体如何认识客体？主体如何不"沉沦"于客体而被客体化？

海德格尔认为，另一种含义的"在之中"是"此在和世界"的关系。这种意义的"在之中"不是一个东西（主体）在另一个东西（客体）之中，而是人"融身"在世界之中，"依寓"于世界之中。世界万物与人一样乃是"就其自身显示自身"的。在这个意义上，人作为存在和一棵草作为存在没有什么区别。人总是成为人的样子，生老病死；花永远是成为花的样子，发芽、开花、枯萎、凋谢。因此，世界不是首先作为外在于人的东西被人认识，而是首先作为"共在"而对人展示出来和前来照面的。人作为"此在"是澄明，世界万物在"此"

被照亮。"此在和世界"的关系特征大致有三：一是内在性。人寓于世界之中，融于世界万物之中。二是非对象性。人首先不是主体，万物不是客体。人首先与万物"共在"。人与万物都"就其自身显示自身"。三是人与世界万物一体。这里的一体不是主客认识中的统一，而是指人与万物作为整体而统一。因此，"主体—客体"式的"在之中"关系必须以"此在和世界"的"在之中"关系为基础才能产生。"此在"与"世界"合而为一的关系是第一位的。人成为认识的主体，世界万物成为被认识的客体这种"主体—客体"关系则是第二位的。只有以人融身于世界之中为前提，人才可能作为主体而认识客体。没有这个大前提，主体不可能认识外在的客体。❶

2. 中国哲学中天人合一思想对存在优先性的肯定

在中国哲学史上，天人合一思想长期占主导地位。中国传统哲学中没有"主体—客体"或"主客二分"的专门术语，而有与"主客二分"思想类似的"天人相分"思想。与天人合一思想相比，它处于从属地位。

天人合一中的"天"历来有多种解释，有义理之"天"、德性之"天"等，这里只取其世界万物之义。"天人合一"思想萌芽于西周时期。儒家的孟子是天人相通思想的创始人。他主张天与人相通，人性乃"天之所与"。天有德，人性才有德可言，可谓以德配天。道家也主张"天人合一"。道家以"道"为世界万物之本，人亦以"道"为本。《老子》中讲："人法地，地法天，天法道，道法自然。"

---

❶ 张世英. 哲学导论［M］. 北京：北京大学出版社，2008：6.

宋代的张载认为："见闻之知，乃物交而知。"(《正蒙·大心篇》)也就是说，"见闻之知"是主体与客体交互作用的结果。如果止于"主—客"式的"见闻之狭"，则不能"体天下之物"，也就做不到"天人合一"。张载道学的"天人合一"说，后来逐渐分化为程朱理学和陆王心学两派。程朱理学赋予"理"以道德意义，认为人禀受"理"以为性，故天人相通，而"天人合一"的最高境界就是"与理为一"。陆王心学则明确否认有超乎人心和具体事物之上的形而上的理的世界，主张唯一的世界就是以人心为天地万物之心的天地万物。这是融人心于世界万物的"天人合一"。

明清之际，尤其是鸦片战争以后，天人合一思想愈来愈受到批判。近代史上，一批先哲主张向西方学习。梁启超大力介绍和赞赏笛卡尔和康德的主体哲学。孙中山努力宣扬西方主客二分的思想。他们向西方学习，就哲学来说，就是学习西方的主体哲学。具体而言，就是学习科学，发挥人的主体性，以认识自然、征服自然；学习民主，以发挥人的主体性，反对压迫。以此为契机，中国开始了近现代以西方主客二分的思想取代传统的天人合一的思想的历程，并使之成为中国近现代社会发展的理论基石。

东方哲学与西方哲学对同一问题的认识因时间和空间的影响而有所不同，最主要的有两个：一是中国的天人合一思想，无论是儒家的还是道家的，无论是程朱理学还是陆王心学，都是不包含"主体—客体"的"天人合一"思想。而在海德格尔之前，西方的主客二分思想已发展到相当完善的程度，并长期地占据着主导地位。因此海德格尔的"此在与世界"是超越了，或者说包含了主客二分思想的思想。二是西方哲学史上长时期占据主导地位的是笛卡尔以来的"主体—客体"思想，而中国哲学史上占据主导地位的则是"天人合一"思想。

但是，东方哲学与西方哲学的根本主张是一致的，即主客二分必须以"天人合一"、"此在"与"世界"合而为一作为前提和基础。

第四章　作为主体的前提和基础：存在

　　正如我们在第一章所指出的，现代社会是人成为"主体"的社会，是主体主义的社会。然而，现代性的困境也是人成为"主体"之后主体主义的困境，也是"人"的困境。我们从来不反对认识论自身。因为离开认识，存在无从谈起，包括人这个存在。我们反对这样一种认识论，即以"客体"规训"主体"的认识论，以"空间"规训"时间"的认识论，遗忘了存在的认识论，也就是"主体主义认识论"。

　　在现代学校教育教学中，人的存在也成为问题。知识无关乎存在，存在依附于认识。然而，本真的问题是，存在是认识的基础和前提，没有人这个存在者，认识从何谈起呢？或者可以反过来说，认识的根据在存在，失却了这个根据，认识就是无本之木。只有在存在论的基础上来理解知识论，知识论才有一个坚实的、现实的基础。但是，我们的教育系统致力于把知识作为财产来分配给人们，使之与他们未来可能拥有的财产和社会地位相称。他们得到的最起码的知识是正常工作所需要的信息量。此外，每个人还都或多或少得到一些"奢侈的知识"，这是为了提高其自我价值感和适应他将来可能的社会地位的要求。学校就是专门生产这种知识包裹的工厂，虽然它们通常宣称，学校是让学生接触人类精神所取得的最优秀成果的地方。❶于是，本来学生的学习目的是求取最佳发展，现在却变成了虚荣心，只是为了求得他人的看重和考试的成绩；本来是渐渐进入富有内涵的整体，现在变成了仅仅学习一些可能有用的事物而已。本来是理想的陶冶，现在却只是为了通过考试学一些很快就被遗忘的知识。❷ 这样，人作为存在被虚无化。恰如《存在与虚无》中的皮埃尔。当皮埃尔成为咖啡店中"我"寻找的对象时，其他都成为背景，淡出"我"的视野。"我"的意识中只有皮埃尔那张熟悉的脸，那个熟悉的身影。当知识自身成为学生致力于其中的唯一对象时，自身作为存在已经成为背景，淡出了学习者的视野。知识成为学习者全部的意识对象，而那个和"我"形影不离的存在被遗忘了。"我"沉沦于常人，陷入自欺，在非本真状态中展开。

众所周知，教育的培养对象是人。培养怎样的人是价值观问题，怎样培养人是方法论问题。但是这两个问题都建立在一个基础之上：人是什么？离开了这个前提，谈不上什么价值观问题，更谈不上方法论问题。因此，教育教学必须首先回到"人"是什么的存在论的问题的拷问上来。教育教学是指向人

---

❶ 弗洛姆. 占有还是生存［M］.关山，译. 北京：生活·读书·新知三联书店，1989：46.
❷ 雅斯贝尔斯. 什么是教育［M］.邹进，译. 北京：生活·读书·新知三联书店，1991：45.

的。因此，人的回归才是教育改革的真正条件。❶ "教育活动关注的是，人的潜力如何最大限度地调动起来并加以实现，以及人的内部灵性与可能性如何充分生成，质言之，教育是人的灵魂的教育，而非理智知识和认识的堆集。通过教育使具有天资的人，自己选择决定成为什么样的人以及自己把握安身立命之根。谁要是把自己单纯地局限于学习和认知上，即便他的学习能力非常强，那他的灵魂也是匮乏而不健全的。"❷

　　人作为存在，他应当是不断探究他自身的存在物——一个在他生存的每时每刻都必须查问和审视他的生存状况的存在物。人类生活的真正价值，恰恰就存在于这种审视之中，存在于这种对人类生活的批判态度中。❸ "'人是谁'这个问题的第一个答案是：他是诘问关于他自己的问题的存在。正是在提出这类问题时，人才发现自己是一个人，正是他所提出的问题揭示了他的状况。"❹ 教育中"人"是什么的探讨，可以有多种追问方式：社会学的、心理学的，生理学的，等等。然而，首先，这些追问方式都是以部分代替整体。部分的认识往往是割裂的、表面的，而整体的认识则是全面的、根本性的。我们关心的是人的整个存在（existence），而不仅仅是或者主要是它的某些方面。大量的科学活动致力于探索人的不同方面，比如，

---

❶ 雅斯贝尔斯. 什么是教育［M］. 邹进，译. 北京：生活·读书·新知三联书店，1991：51.

❷ 雅斯贝尔斯. 什么是教育［M］. 邹进，译. 北京：生活·读书·新知三联书店，1991：4.

❸ 恩斯特·卡西尔. 人论［M］. 甘阳，译. 北京：西苑出版社，2003：10–11.

❹ A. J. 赫舍尔. 人是谁［M］. 隗仁莲，安希孟，译. 贵阳：贵州人民出版社，2009：20.

人类学、社会学、经济学、政治学、生理学、心理学。然而，任何孤立地探讨人的某种机能的专门研究，都是从特殊的机能出发来看待人的整体性的。这些做法使我们对人的认识越来越支离破碎，导致了比喻上的误解，导致了把部分当作整体。❶

其次，人作为存在，这些追问方式常常是实证主义的。然而，在世界中，大致有两种存在：一种是眼可见、耳可闻的，如身边的台灯、桌子、书籍，等等，它们可以成为自然科学的对象。另一种则与之相反，这些对象有一个共同的特点，在世界中不具有对象性。也就是说，没有一个客观的对象与之相应。它们"视之不见、听之不闻、搏之不得"。举个例子来说，自由，对这个词我们并不陌生，然而，却没有人可以拿出自由来放在桌子上说："这是自由！"也没有人可以将自由拿到实验室进行实验，即使他是世界上最伟大的科学家。可以说，自由并不存在。但是，自由在！这意味着，非存在存在。它们不是自然科学的对象，而且永远也不可能是。它们天然地是哲学的对象，或许这就是哲学的魅力所在。永远引导人思考那些视之不见、听之不闻、搏之不得的非存在。在人的存在中，至关重要的是某些隐蔽的、被压抑的、被忽视或者被歪曲的东西。❷
而握住真理的哲学应朝向具体的真实，朝向生存着的真实。❸

---

❶ A．J．赫舍尔．人是谁［M］．隗仁莲，安希孟，译．贵阳：贵州人民出版社，2009：3.

❷ A．J．赫舍尔．人是谁［M］．隗仁莲，安希孟，译．贵阳：贵州人民出版社，2009：4.

❸ 尼古拉·别尔嘉耶夫．人的奴役与自由［M］．徐黎明，译．贵阳：贵州人民出版社，2007：45.

　　最后，人的存在论问题永远是科学所无法解决的。如存在的时间性、可能性、超越性、选择与自由，这些永远都无法成为科学的命题，它们只能归于哲学的沉思。因为它们没有具体的对象物，而只有与之对应的概念，也就没有以科学的方法展开研究。没有一个科学家可以这样研究：将自由作为研究对象，放在实验室里进行科学研究。哲学只在科学技术失灵的时候才发言说话。它指点，但它不给予。它随着明亮的光线活动，但它不制造。❶ 这是因为，哲学要求另外一种思维，这种思维，在提供知识的同时，也提醒我，惊觉我，使我回到我自身。❷ 于是，凡是在科学里寻找他的人生意义、他的行动指南、寻找存在本身的人，都不能不大失所望。于是只好回过头来，再请教哲学。❸

一、存在的多维解读

　　在一些哲学家看来，存在是不可定义的。这是因为，没有哪一个定义可以探明人的存在的深度，或可以揭示人所表现出来的错综复杂性。❹ 同样，克尔凯郭尔事实上依然认为，不

❶　卡尔·雅斯贝尔斯. 生存哲学［M］. 王玖兴，译. 上海：上海译文出版社，2006：51.
❷　卡尔·雅斯贝尔斯. 生存哲学［M］. 王玖兴，译. 上海：上海译文出版社，2006：10.
❸　卡尔·雅斯贝尔斯. 生存哲学［M］. 王玖兴，译. 上海：上海译文出版社，2006：7.
❹　A. J. 赫舍尔. 人是谁［M］. 隗仁莲，安希孟，译. 贵阳：贵州人民出版社，2009：21.

对存在作沉思，就不可能是真正的存在。❶ 而别尔嘉耶夫则坚持认为："遍历痛苦之万劫，人渴求知道：他是谁？他从哪里来？他将皈依何方？"❷ 然而，宣布这个问题是不可回答的，宣布这个难题是不可解决的，就等于放弃了关于人的根本的追问。因为关于人的问题是一个根本问题，我们所提出的其他一切问题是否具有价值，可能都取决于我们为这个问题所提供的答案。

存在，德语为 Existenz，意思是"凭靠自身力量站起来"。在哲学史上，康德、黑格尔等都关注过 Existenz。但他们并没有从该词的超越性的意义上来解读。而那个反对黑格尔哲学体系的克尔凯郭尔指出了存在的超越性内涵，但是在那个哲学认识论传统依然旺盛的年代，克氏的这一思想并没有得以深入阐释。

明确赋予 Existenz 以"存在"含义的是海德格尔。他力图表明，Existenz 乃人之本真存在的绽放状态，并提出以"此在"（Dasein）来阐释 Existenz，建立基础存在论。海德格尔从词源学里推断出存在就是突出自己，突出自己就是在世。海德格尔也将对人的存在分析视为基础存在论。他认为，正是存在才开显出在，让一切在都在。也正是存在才开显出不在，让一切在都不在。这是因为，在时间的意义上来考察，人作为存在是有限的存在。同时，从思维与在同一的角度而言，思维为"无"，

---

❶ 转引自：让·华尔. 存在哲学［M］. 翁绍军，译. 北京：生活·读书·新知三联书店，1987：45.

❷ 尼古拉·别尔嘉耶夫. 人的奴役与自由［M］. 徐黎明，译. 贵阳：贵州人民出版社，2007：3.

为非存在；而在为"有"。正是"无"开显出"有"，"无"中
生"有"。这样，非存在存在。是谁带来"无"？是人这个存
在。"人是一个存在者（beings），人把'无'带到世界上来；
如果没有人这个存在者，世间就没有'无'。"❶这就是海德格尔
的基础存在论。

　　海德格尔还将存在分为本真状态和非本真状态。他认为：
"存在有本真状态与非本真状态——这两个词是按照严格的字
义挑选来作术语的——两种样式，这是由于此在根本是由向来
我属这一点来规定的。"❷而"此在就是我自己一向所是的那个存
在者；〔此在的〕存在一向是我的存在"❸。

　　存在的非本真状态是"此在迷失在常人的公论和闲言之
中，它在去听常人本身之际对本己的自我充耳不闻。苟若能把
此在从这种充耳不闻其自身的迷失状态中带回来——当然是
通过它自己——那它就首须能找到它自己：那个曾充耳不闻
自身的它自己，那个在去听常人之际而充耳不闻自身的它自
己"❹。"非本真状态不是指不再在世之类。它倒恰恰构成一种
别具一格的在世，这种在世的存在完全被'世界'以及被在常
人中的他人共同此在所攫获。"❺海德格尔还将非本真状态称为

❶　叶秀山. 哲学要义［M］. 北京：世界图书出版公司，2006：82.
❷　海德格尔. 存在与时间［M］. 陈嘉映，王庆节，译. 北京：生活·读书·新
　　知三联书店，2008：50.
❸　海德格尔. 存在与时间［M］. 陈嘉映，王庆节，译. 北京：生活·读书·新
　　知三联书店，2008：132.
❹　海德格尔. 存在与时间［M］. 陈嘉映，王庆节，译. 北京：生活·读书·新
　　知三联书店，2008：311.
❺　海德格尔. 存在与时间［M］. 陈嘉映，王庆节，译. 北京：生活·读书·新
　　知三联书店，2008：204.

"沉沦"。"沉沦在世是起引诱作用和安定作用的，同时也就是异化着的。……这种异化把此在杜绝于其本真性及其可能性之外，哪怕这种可能性只是此在的真实失败的可能性。"❶

而存在之本真状态是此在，是是其所是的存在。"唯当此在存在，才'有'真理。唯当此在存在，存在者才是被揭示被展开的。唯当此在存在，牛顿定律、矛盾律才在，无论什么真理才在。此在根本不在之前，任何真理都不曾在，此在根本不在之后，任何真理都将不在，因为那时真理就不能作为开展状态和揭示活动或被揭示状态来在。"❷

雅斯贝尔斯可能是克尔凯郭尔之后最详尽地阐释 Existenz 的哲学家。他直接将 Existenz 看成人的存在活动，并在晚年的著作中对存在进行了详尽的概括：

（1）存在不是如此存在，而是可能存在。

（2）存在乃是知道由超越者赠予自己的、没有超越者就不能存在的自由。

（3）存在是各个个体，并作为特定自我是不可代替、不可替换的。

（4）存在是历史的。

（5）存在仅仅存在于存在之间的交往之中。

（6）不能因知道我是存在着的，故我就是现实的存在。倘

---

❶ 海德格尔. 存在与时间［M］.陈嘉映，王庆节，译. 北京：生活·读书·新知三联书店，2008：206-207.

❷ 海德格尔. 存在与时间［M］.陈嘉映，王庆节，译. 北京：生活·读书·新知三联书店，2008：260.

若我想知道我自身的存在，作为存在的我就归于消失。

（7）存在乃是知道自己是被赠与的东西，所以在其根据中受到保护。**❶**

这里，雅斯贝尔斯从存在的诸多特征：可能、自由、时间等表明了存在的内涵，而这些特征是存在主义的最主要的论题。

同时，雅斯贝尔斯也指出了科学知识的边界，指出其和存在无涉。他说：

（1）科学的事实知识并不是存在知识。科学知识是特殊的，是关涉一定对象而不关涉存在本身的。因此，从哲学上看，科学正是通过有知而最坚决地认识到无知，即是说，它认识到它对于存在自身是完全无知。

（2）科学知识不能给生活提供任何目标。它提不出有效的价值来。它作为科学不能负起指导责任。它只能以它的明晰与坚定指出我们的生活另有一个起源。

（3）科学不能回答关于它自己的意义问题。有科学，这是由于有一些冲动在推动科学活动，而这些冲动本身并不能科学地证明自己是真正的和应该的。**❷**

---

❶　转引自：梦海. 存在的两极：理性与生存——论雅斯贝尔斯的理性生存哲学 [M]. 北京：中国人民大学出版社，1998：107.

❷　卡尔·雅斯贝尔斯. 生存哲学 [M]. 王玖兴，译. 上海：上海译文出版社，2006：7–8.

二、存在的具体表征

对于存在，一些哲学家认为其不可定义，而克尔凯郭尔、海德格尔和雅斯贝尔斯等人则力图揭示其深刻内涵。他们对存在的时间维度、自由性、可能性和超越性都作过深刻论述。既然给出令人满意的定义是一件困难之事，或许对其特征进行描述，是理解存在的另外一条可行的路径。

（一）时间

在哲学史上，众多哲学家都曾阐述过时间问题。但是，在教育学领域中却并非如此。"在一个人接受教育的过程中，时间是最重要的因素之一。然而，无论是哲学还是社会学，对于时间与教育的关系这一基本主题几乎没有研究。究其原因或许不难理解。可能时间与我们如此之近，以至于我们看不见它。……最近的就是最远的，没有什么比时间离我们更近：事实上，人就是时间。"❶

虽然众多哲学家曾对时间问题深入阐释，但对时间进行研究是十分困难之事。"如果没有一定的功力，直接思考这个问题极容易出毛病，写出来的东西不是胡言乱语，就是废话一堆。"❷ 尽管我们的论述可能是废话一堆，但是感觉到时间问题

---

❶ DENTON D E. Existentialism and Phenomenology in Education［M］.New York：Teachers College Press，1974：159.

❷ 吴国盛. 时间的观念［M］.北京：北京大学出版社，2006：2.

在人作为存在上的极其重要性，同时教育学中对时间的深入思考又是如此之少，我还是愿意冒险而为。

对于时间，一般有两种领会方式：一是自然时间，二是生存时间。自然时间是指自然科学研究的时间，也可称为物理时间，体现"人与自然"的关系。将时间理解为自然时间，或者称为物理时间，可以追溯到亚里士多德。他说："时间是计算前后出现的运动，得到的是所计之数。"❶亚氏明确地将时间视为物理时间，视为主体对客体运动的把握方式。这一传统的形而上学时间观长期地决定着后来者对时间的认识。而自然科学的发展无疑巩固了这一哲学认识成果，突出地表现为以牛顿为代表的物理时间的研究成果。这些研究成果更加强化了时间的物理性质。

物理时间的特点大致有三：一是外在、不可经验，体现自然界"物之关系"；二是单向线性流动，具有不可逆性；三是可以钟表测度和计算。正是因为"可携带钟表的出现，使时间开始扑向人类日常生活的每一角落。钟表精确的提高，使计时朝越来越精细的方向发展。比小时更小的时间单位开始出现，并出现在钟表的刻度盘上。……在钟表将时间计量得越来越精细时，社会生活的节奏也随之被加速。从前某件事情被指定在某个时辰完成，现在则被指定在几点几分完成。社会活动的时间分割越来越细，社会生活的节奏在无形中加快"❷。

于是，物理时间的问题也因此产生。这大致可概括为两

---

❶ 亚里士多德. 物理学［M］. 张竹明，译. 北京：商务印书馆，1982：287.

❷ 吴国盛. 时间的观念［M］. 北京：北京大学出版社，2006：93.

点：一是它作为主客关系中主体把握客体的方式，游离于人之外，与人的存在无关；二是它自在流淌，成为纯粹的计数之学。这样，物理时间将人导向非本真的存在，导向客体化。人在与"上手事物"打交道的过程中遗忘自己。吴国盛曾对此进行过详细描述：

> 刻画这一时代特征的时间观念，是精致化的测度时间与单向线性时间的某种结合。这种结合的结果是，时间作为一种外在的、强大的自在之流而出现，时间成为一个对象、客体，成为人的异在力量，人与时间的关系问题开始成为一个严重的问题。

> 技术时代人的生活完全由时间控制着，过去、现在和未来十分清晰而确定地展现在眼前。社会发展有远景规划和近期目标，个人生活也有时间进程中的理想和目标；日常生活中有作息时间表、课程表、日程表；速度、迅捷、准时既是新时代的特征，也是新时代的价值标准。时间自在的流逝，而人则在疲于奔命的生活节奏中创造了时间的权威，并使自己成为时间的奴隶。❶

"学校是技术时代实行时间体制的一个榜样。在学校里，所有的人，无论是教师还是学生，全都加入由铃声、作息时间表、课程表、校历等组成的交响曲中。这些各种各样的时间表，构成了我们教育体制的一个巨大的秘密：它培养学生技术

---

❶ 吴国盛. 时间的观念［M］. 北京：北京大学出版社，2006：85.

时代的时间感。只有具有这种时间感，在技术时代生活才不感
到别扭。因为在技术社会中，任何人都不能逃避时间。"❶

生存时间正是在对物理时间的反动中被"发现"的。生存
时间是时间领会的个体形式，体现"人与自我"的关系。它是
由奥古斯丁、康德、柏格森和海德格尔等人一步步"开显"出
来的。奥古斯丁首先对自然时间提出疑问而开启了生存时间之
路。他在对上帝的信仰中发现了物理时间的问题。他认为，物
理时间不仅无法解释上帝的存在，而且从根本上动摇了上帝创
世的理念。这是因为，如果上帝在时间之流中，那么时间就支
配了上帝。如果上帝不在时间之流中，时间就支配了万物，那
么上帝的意志就是有限的。奥古斯丁的发现启发了康德。康德
将时间视为人所具有的先天直观形式，从而使知性范畴应用于
经验对象得以可能，人的认识得以可能，能动的主体性得以把
客观性建立起来。"时间非自身存在之事物，亦非属于事物唯
一客观的规定，故当抽去其直观之一切主观条件，则并无时间
存留。"❷康德首次把时间与主体能动性结合起来加以考察，把
时间归于主体的一种先天能力，从本质上阐明时间的先验意
义，并将之引入认识论作为人的纯粹直观形式，从而使其成为
认识论的基础和条件。这样，时间作为纯粹直观的"内部感官
的形式"，在康德那里得到了极高的弘扬和阐发。但是康德没
有摆脱笛卡尔以来传统时间观的影响，对时间作了空间化的理
解。柏格森批判了康德对时间的空间化理解。他说："康德的

---

❶ 吴国盛. 时间的观念［M］. 北京：北京大学出版社，2006：101.

❷ 康德. 纯粹理性批判［M］. 蓝公武，译. 北京：商务印书馆，2005：58.

大毛病在于把时间当作一种纯一的媒介。他没有注意到，真正绵延是互相渗透的瞬刻所构成的；没有注意到，当真正绵延好像具有一个纯一整体的这种形式时，这是由于它被排列在空间。"❶但是，柏格森将时间视为绵延而与意识状态联系在一起，是沿着康德将时间与主体能动性结合起来的道路深入下去的。"我们在外界找不到绵延"❷，因为它是意识状态的众多性的相互渗透和陆续出现。绵延是一个"流程"，不可分割，没有缝隙。而对绵延加以把握的只能是直觉。在这个意义上，生命就是绵延，就是不可分割的"流程"。海德格尔是在仔细研究康德和柏格森的时间理论之后，沿着康德和柏格森的时间理论之路继续前进的开拓者，也是将时间提升到本体论的奠基者。海德格尔以亚里士多德以来的物理时间为批判对象，意在将人从物理学时间和传统形而上学的时间中解放出来。在海德格尔看来，此在就是在时间中"绽出"、"显现"和"在场"。此在处于被抛的境地，是作为有限的存在而存在，总是在时间中对自己的存在有所作为、有所领悟和有所发问的存在，总是在时间中谋划可能与超越、在时间中领悟最本己的存在。时间的三个样式——过去、现在与将来，都是此在的统一到时。这样，时间中的此在就是本真的整体能在，时间与此在紧紧地"捆绑"在一起了。

在以上时间"发现"史的勾勒中，我们看到，生存时间作为时间领会的个体形式，将人与时间统一起来。"此在以如下

---

❶ 柏格森. 时间与自由意志［M］.吴士栋，译. 北京：商务印书馆，2007：174.

❷ 柏格森. 时间与自由意志［M］.吴士栋，译. 北京：商务印书馆，2007：170.

方式存在：它以存在者的方式领会着存在这样的东西。确立了
这一联系，我们就应该指出：在隐而不彰地领会着解释着存在
这样的东西之际，此在由之出发的视野就是时间。"❶ 在时间中，
个体"就其自身显示自身"，并依寓于世界之中，以介入的方
式与"上手事物""打交道"，从而谋划生命可能性。与非本真
的存在不同，人作为本真的整体能在，总是在时间中"绽出"、
"显现"和"在场"。"他手忙脚乱地迷失于所操劳之事，同时
也就把他的时间丢失于所操劳之事。从而，对他来说典型的说
法就是：'我没有时间。'非本真的生存者不断丢失时间而从来
没'有'时间；而在决心中的本真生存从不丢失时间而'总有
时间'。这始终是本真生存的时间性的独特标志。"❷ 人作为有所
领会的存在，总是在时间中有所发问、领悟最本己的存在；人
作为有限的存在者，总是在时间中对自己的存在有所作为、谋
划可能与超越的存在。"严格地说，人在时间里并不像一个浸
在激流里的物体，毋宁说，时间就在他之中；他的存在彻头彻
尾、彻里彻外都是时间性的。他的心情，他的操心和关切，他
的焦虑、罪感和良心——这一切都浸透着时间。构成人的存在
的一切都不能不根据人的时间性——'尚未'、'不再'、'此时
此地'——加以理解。"❸

---

❶ 海德格尔. 存在与时间［M］.陈嘉映，王庆节，译. 北京：生活·读书·新
　　知三联书店，2008：21.
❷ 海德格尔. 存在与时间［M］.陈嘉映，王庆节，译. 北京：生活·读书·新
　　知三联书店，2008：463.
❸ 威廉·巴雷特. 非理性的人［M］.段德智，译. 上海：上海译文出版社，
　　2007：243.

由此我们可以看到时间对于存在的优先性。与空间相比，对于存在而言，时间具有优先的地位。但是主客二分的认识论将空间置于有限的地位，这必然导致生命的异化。

（二）自由

自由可分为积极的自由和消极的自由，还可分为意识的自由和现实的自由。前者在历史上都有专门的论述。后者看来，意识中的自由和现实的自由的关系是什么呢？事实上，意识中的自由是存在论上的自由，是现实的自由的基础。意识中的自由是"无"，它与现实中的"有"对立而为。但恰恰是"无中生有"，从"无"中开创出"有"，"无"是"有"的根本。现实的自由是"有"。它源于意识的自由——"无"。意识中的自由可以"外化"为现实的自由，通过现实的自由表达自己的讯息。

因此，自由存在于人的意识中。"人的自由的源头在精神中，不在社会中。"❶ 这是说，人是意识的存在，意识是虚空，非存在，也是自由的。从这个意义上而言，人是绝对的自由的存在。没有任何东西可以剥夺这种自由，这也是人作为存在最可宝贵的地方。人是自由的存在，人之所以为人，乃在于人本质上是自由的。黑格尔说，人的全部本质，在于人是自由的。这里的自由，是精神意义上的。而精神上的自由，是真正的自由，它是社会学意义上自由的基础和前提。失去了它，社会学意义上的自由便不复存在。然而，人们通常将自由理解为社会

---

❶ 尼古拉·别尔嘉耶夫. 人的奴役与自由 [M]. 徐黎明，译. 贵阳：贵州人民出版社，2007：73.

学意义上的，如民主、自由。社会中谈及的自由，常与民主相提并论，它是社会属性的。但是，它却基于人的意识的自由，失却了此，所谓的社会自由也随即灰飞烟灭。"'人们谈论政治自由、个人自由、经济自由、宗教自由、良心自由、思想自由、新闻自由、集会自由等等。'所有这些自由的概念如不以自由的哲学概念为基础，便是肤浅的、错误的。在雅斯贝尔斯看来，这后一种自由相当于'人的真正存在于行为'。"❶ "心理性的与社会性的自由绝不是自由本身，而是自由本身在在此之在中的表现。'自由既不可被证实，也不可被证伪。''在另外一种意义上，自由作为经验现实是存在着的，但它……不可被揭示为经验现实。'关于自由是否存在这一问题，如作为'意识一般'的问题，它是无意义的，因为自由不可被证实为某种在此之在。"❷

我们可以谈论自由。但可能的情况是，无论我们如何探讨自由，人们还是体会不到什么是自由。对此我们应该认识到，自由不是对象。自由不是出现在世上、可供研究的在此之在。这是因为，对于科学性的、对象性的认识来说，并没有什么自由。因此，自由无法像一本书、一支笔那样可以呈现出来。然而，凡我无法加以对象性研究的，我都可以在思维中对它加以意识。这也就是说，我可以意识到我是自由的，虽然它并不存在。而这里的问题是，要意识到自由，必须先对意识有所意识，即意识到自己的意识。或许，这仍然让人难以把握。那

---

❶　维尔纳·叔斯勒. 雅斯贝尔斯［M］. 鲁路，译. 北京：中国人民大学出版社，2008：96.

❷　维尔纳·叔斯勒. 雅斯贝尔斯［M］. 鲁路，译. 北京：中国人民大学出版社，2008：99.

么，让我们来看看哲学家对自由的理解。

在雅斯贝尔斯看来，自由是生存澄明的真正标示。我对自己说："我是自由的。"这就是说，我要成为什么样子几乎完全取决于我。我是通过自己在这世上的所作所为而成为我自己的。"对自由我们是有责任的。我们就是自由，我们是被给定为自由的人。"❶ 雅斯贝尔斯将这种自由称为生存自由。生存是非对象性的。这意味着生存只有通过我在世间的行动才会得以实现：我通过自身的决断而成为我自身。而且，在雅斯贝尔斯看来，自由是绝对的。"思维自由可以上升而为能够无视一切的绝对自由，这是一种否定的自由。"❷

而在萨特看来，自由不仅是绝对的，而且是否定使人意识到自由。他说："否定已经把我们推到自由。"❸ 我的理解是，这句话前面应该加上若干字，这样才能完整地理解这句话的意思，即（对存在的）否定已经把我们推到自由，也就是说，我们从对存在的否定中获得了自由。那么，我们不禁要问，什么对存在进行了否定呢？是意识。我们如何能够认识万物，思考万物，乃在于人的意识，意识能纳山川宇宙。意识为无，存在为有，无中才能生有。如果意识是充满的，没有一点缝隙，和存在一样，那么，什么来填装存在，什么来认识有的呢？只能

❶ 雅斯贝尔斯. 什么是教育［M］.邹进，译. 北京：生活·读书·新知三联书店，1991：41.

❷ 雅斯贝尔斯. 生存哲学［M］.王玖兴，译. 上海：上海译文出版社，2006：10.

❸ 让－保罗·萨特. 存在与虚无［M］.陈宣良，等译. 北京：生活·读书·新知三联书店，1987：107.

是那个无、非存在。但是，非存在也存在。它正是依靠存在来证明自己的存在，没有存在，也就没有非存在，非存在在。我们可以具象化地来理解萨特的话。《道德经》中说："三十辐共一毂，当其无，有车之用。埏埴以为器，当其无，有器之用。凿户牖以为室，当其无，有室之用。"在这里，我们感受到的不仅是存在与非存在的东西方的解释，更感受到的是东西哲学的融通。

萨特说的自由可以从无神论的角度来理解。他说："有两种存在主义。一方面是基督教的存在主义，这些人里面可以举雅斯贝斯和加布里埃尔·马塞尔（Garriel Marcel），两个人都自称是天主教徒；另一方面是存在主义的无神论者，这些人里面得包括海德格尔以及法国的那些存在主义者和我。"❶作为无神论的存在主义哲学家，他说："陀思妥耶夫斯基写道'如果上帝不存在，什么事情都将是容许的'。这对存在主义来说，就是起点。的确，如果上帝不存在，一切都是容许的，因此人就变得孤苦伶仃了，因为他不论在自己的内心里或者在自身以外，都找不到可以依靠的东西。他会随即发现他是找不到借口的。因为如果存在的确是先于本质，人就永远不能参照一个已知的或特定的人性来解释自己的行动，换言之，决定论是没有的——人是自由的，人就是自由。……我宣称自由，就具体的情况而言，除掉其本身外，是不可能有其他的目的的；而当人一旦看出价值是靠他自己决定的，他在这种无依无靠的情况下

---

❶ 让－保罗·萨特. 存在主义是一种人道主义［M］. 周煦良，汤永宽，译. 上海：上海译文出版社，2008：3.

就只能决定一件事，即把自由作为一切价值的基础。这并不是说他凭空这样决定，这只是说一个诚实可靠的人的行动，其最终极的意义，就是对自由本身的追求。"❶

由此，我们可以看到，自由是绝对的。"因为自由不是人的选择，人是完全自由的，自由不是外在于人的目标，而是他的存在和意识的内在结构。任何有意识的人都是自由的，任何存在着的人都是自由的。"❷ 因此，"人不是首先存在以便后来变成自由的，人的存在和他的自由没有区别。……人类的自由先于人的本质，并且使人的本质成为可能"❸ "所谓教育，不过是……使他们自由地生成，并启迪其自由天性。因此教育的原则，是通过现存世界的全部文化导向人的灵魂觉醒之本源和根基，而不是导向由原初派生出来的东西和平庸的知识（当然，作为教育基础的能力、语言、记忆内容除外）。"❹ 因此，教育必须面对作为自由的存在，而不能以主客二分的认识论将生命视作简单的客体，那是对生命的简单化的认识和歪曲。

（三）可能

因果律的意思是说，"因"和"果"是必然地连在一起的。有"因"必可推究"果"，由"果"也必推出"因"。"因"和

---

❶ 让－保罗·萨特. 存在主义是一种人道主义［M］.周煦良，汤永宽，译. 上海：上海译文出版社，2008：22.

❷ 赵敦华. 现代西方哲学新编［M］.北京：北京大学出版社，2004：129.

❸ 让－保罗·萨特. 存在与虚无［M］.陈宣良，等译. 北京：生活·读书·新知三联书店，1987：56.

❹ 雅斯贝尔斯. 什么是教育［M］.邹进，译. 北京：生活·读书·新知三联书店，1991：3.

"果"之间可以相互推论。"可能性作为表示现成状态的情态范畴意味着尚非现实的东西和永不必然的东西。这种可能性描述的是仅仅可能的东西。它在存在论上低于现实性和必然性。反之，作为生存论环节的可能性却是此在的最源始最积极的存在论规定性。"❶

　　人是可能，不是必然。这句话的意思是说，人是可能性的存在，而不可以放在因果律中加以推导。"存在的领域是可能性的领域，不是理性的可能性，而是活生生的可能性，如同我们决心以某种方式去行动而发生的那种可能性。"❷ 为了说明问题，让我们举一个例子。正在上课的教师将握在手中的粉笔投向一个不认真听课的学困生。这位教师可以对投向不认真听课的学困生的粉笔头做出完全准确的推测——它必然在达到最高点之后而掉落在地上。这是可以加以必然性的推导的，也是任何人都可以推测出来的。然而，这位教师却不可能对粉笔头所投向的学生做出任何完全准确的推测。他不可能对这位学困生在自己粗暴的举动之后的反应做出完全准确的推测，不可能对这位学困生下次课的课堂表现做出完全准确的推测，更不可能对其今后该门课程的成绩做出完全准确的推测，也不可能对其今后的学习做出完全准确的推测，还不可能对其今后进入社会的发展做出完全准确的推测。因此，学生之可能性是有教无类的根源性所在。也是在这个意义上，陶行知说，当心！你的教

---

❶　海德格尔. 存在与时间［M］.陈嘉映、王庆节，译. 北京：生活·读书·新知三联书店，2008：167.

❷　让·华尔. 存在哲学［M］.翁绍军，译. 北京：生活·读书·新知三联书店，1987：67.

鞭下有瓦特，你的冷眼里有牛顿，你的讥笑中有爱迪生。

两者根源性的区别何在呢？因果律的主人是自然，自然之物必服从于因果律。这是因为自然之物在时空之中。时空讲先后秩序，因果律就在时空的秩序上建立起来。自然之物在时空中以人的感知形式得到整理，就成为人以因果律可以推导的。"在'它'之世界，因果性君临一切。每一被感知的'物理事件'，每一可在自我经验中发现的'心理事件'不是原因便是结果，二者必居其一。而且，那些具有目的论色彩的事件也隶属于'它'之世界的绵延过程，居于因果链之中。"❶

而可能性是"属"人的。人是可能的存在。因为它始终还在对自己的现实性做出决断。人是可能的存在，因为它从未真正实现过。人在在此之在中，是"可能的生存"。存在主义的先驱克尔凯郭尔认为，不承认可能性的世界是令个人窒息的世界。尼采则说，人是"尚未定型的动物"。而后来形成的整个"存在主义，根据我们对这个名词的理解，是一种使人生成为可能的学说"。❷对此，让·华尔总结："在雅斯贝尔斯那里可以见到，他不断提到可能的存在，意思是存在不是现成的，而总是将成的。海德格尔说，人始终有一个未来。由此进到萨特的说法，萨特说，存在者是一种设计。"❸存在主义的奠基者海

❶ 马丁·布伯. 我与你［M］.陈维纲，译. 北京：生活·读书·新知三联书店，2002：44.

❷ 让－保罗·萨特. 存在主义是一种人道主义［M］.周煦良，汤永宽，译. 上海：上海译文出版社，2008：2.

❸ 让·华尔. 存在哲学［M］.翁绍军，译. 北京：生活·读书·新知三联书店，1987：76.

德格尔（尽管他本人不承认自己是一个存在主义者）在《存在与时间》中反复地论证了此在的可能性。试援引几例：

> 此在总作为它的可能性来存在。它不仅只是把它的可能性作为现成的属性来"具有"它的可能性。因为此在本质上总是它的可能性，所以这个存在者可以在它的存在中"选择"自己本身、获得自己本身；它也可能失去自身，或者说绝非获得自身而只是"貌似"获得自身。❶
>
> 此在总是从它所是的一种可能性、从它在其存在中这样那样领会到的一种可能性来规定自身为存在者。❷
>
> 此在总是从它的生存来领会自己本身：总是从它本身的可能性——是它自身或不是它自身——来领会自己本身。此在或者自己挑选了这些可能性，或者陷入了这些可能性，或者本来就已经在这些可能性中成长起来了。❸

此在之所以具有可能性，是因为此在是时间性的存在，而就时间的三种样式（过去、现在和将来）而言，将来具有优先性的地位。"将来在源始而本真的时间性的绽出的统一性中拥

---

❶ 海德格尔. 存在与时间［M］.陈嘉映，王庆节，译. 北京：生活·读书·新知三联书店，2008：50.

❷ 海德格尔. 存在与时间［M］.陈嘉映，王庆节，译. 北京：生活·读书·新知三联书店，2008：51.

❸ 海德格尔. 存在与时间［M］.陈嘉映，王庆节，译. 北京：生活·读书·新知三联书店，2008：15.

有优先地位。"❶"这样，肯定未来在时间中的优先地位，并将其作为生存的首要意义，便相应地意味着突出可能性在人的存在中的意义。"❷

而一本与教育相关的著作《学会生存——教育世界的今天和明天》中也指出："人永远不会变成一个成人，他的生存是一个无止境的完善过程和学习过程。人和其他生物的不同点主要就是由于他的未完成性。"❸

生死问题是人生中最大的问题。在"我"看来，对于人自身，就根本而言，谁不认真地思考死亡，谁就不曾认真地活着。"死亡的本真意义，即'我要死'，并不是存在于这世上的一个外在的和公众的事实，而是我自己存在的一种内在可能性。这种可能性也不像道路的尽头，我总有一天会到达。只要我这样想，我就依然把死亡保持在自己身外的一定距离。问题的实质在于：我随时都可能死，因此，死亡现在就是我的'可能性'。它像是我脚下的一壁悬崖。它也是我的可能性中最极端最绝对的：说它极端是因为它是关于不存在的可能性，因而也就是那种割断了一切别的可能性的可能性；说它绝对，是因为人能够熬过一切别的令人心碎的事情，甚至他所爱的人的死亡，但是他自己的死亡则把他整个了结了。因此，死亡是各种

---

❶ 海德格尔. 存在与时间［M］.陈嘉映，王庆节，译. 北京：生活·读书·新知三联书店，2008：390.

❷ 杨国荣. 认识与价值［M］.上海：华东师范大学出版社，2009：202.

❸ 联合国教科文组织国际教育发展委员会. 学会生存：教育世界的今天和明天［M］.华东师范大学比较教育研究所，译. 北京：教育科学出版社，2000：196.

可能性中最个人和最内在的可能性，因为它是我必须自己去经受的：任何他人都无法代我去死。"❶

因此，人作为存在，面向死亡，也是一种可能。没有科学可以证明死亡的问题。它对人而言，是一个永远无法解释的谜，正如人的被抛境地一样，死亡也是"抛出"的状态。而抛出后的问题，只是一个可能的问题，无从谈起。"死是此在最本己的可能性。……最本己的可能性是无所关联的可能性。"❷向死而生，"这才使此在可能本真地领会与选择排列在那无可逾越的可能性之前的诸种实际的可能性"。❸"把向死存在标识为向着一种可能性的存在，也就是向着此在本身别具一格的可能性的存在。"❹

存在是被抛到这个世界上的。在它展开的过程中，与各种"上手事物"打交道，只是一个可能。这个可能的原因就在于，与其他一切存在的区别在于，此在是意识的存在，而意识是自由的。自由便是可能。此在展开的过程就是可能的过程。从这个意义上而言，此在存在的过程便是积极的过程，就是海德格尔所说的"向死而生"。因为存在是一种可能的展开，便和希望、想象这些此在的状态联系在一起。"此在是委托给它自身

---

❶ 威廉·巴雷特. 非理性的人［M］. 段德智，译. 上海：上海译文出版社，2007：241.

❷ 海德格尔. 存在与时间［M］. 陈嘉映，王庆节，译. 北京：生活·读书·新知三联书店，2008：302.

❸ 海德格尔. 存在与时间［M］. 陈嘉映，王庆节，译. 北京：生活·读书·新知三联书店，2008：303.

❹ 海德格尔. 存在与时间［M］. 陈嘉映，王庆节，译. 北京：生活·读书·新知三联书店，2008：299.

的可能之在，是彻头彻尾被抛的可能性。此在是自由地为最本己的能在而自由存在的可能性。"❶

既然人是可能的存在，这种存在根源于人的意识，而意识又是自由的。也就是说，人是有自由意志的，这是人作为可能性的根源性所在。那么，因果必然性决不能威逼人，因为正是人给"它"之世界带来火种。❷"因果性不能强使生而自由的人就范。"❸虽然，因果性在"它"之世界具有无限统摄力，这对自然界的科学秩序具有根本重要性，但它不能强施枷锁于人，因为人本不受"它"之世界的制约。❹

然而，现在的问题恰恰是人作为存在纳入了必然性的程序，在因果律中进行推导。这样，常人总已经从此在那里取走了对那种种存在可能性的掌握。常人悄悄卸除了明确选择这些可能性的责任，甚至还把这种卸除的情形掩藏起来。谁"真正"在选择，始终还不确定。此在就这样无所选择地由"无名氏"牵着鼻子走并从而缠到非本真状态之中。❺其结果是人作为存在被遗忘，人作为存在的可能性被遗忘，人作为存在被客体化。在学校教育中，学生被人为地分为学优生和学困生，接

---

❶ 海德格尔. 存在与时间［M］.陈嘉映，王庆节，译. 北京：生活·读书·新知三联书店，2008：168.

❷ 马丁·布伯. 我与你［M］.陈维纲，译. 北京：生活·读书·新知三联书店，2002：46.

❸ 马丁·布伯. 我与你［M］.陈维纲，译. 北京：生活·读书·新知三联书店，2002：45.

❹ 马丁·布伯. 我与你［M］.陈维纲，译. 北京：生活·读书·新知三联书店，2002：44.

❺ 海德格尔. 存在与时间［M］.陈嘉映，王庆节，译. 北京：生活·读书·新知三联书店，2008：308.

受不同的教育资源。这是因果律在现代教育中的自我表现。

　　然而，人只有从因果律中解放出来，才能回到其可能性，才能是其所是的存在。"唯有断然朝向其自身的决心才把此在带入这样的可能性：让其一道存在着的他人在他们自己最本己的能在中去'存在'，而在率先解放的操持中把他们的能在一道开展出来。"❶知识的价值就在于唤醒人作为存在的可能性，免于人坠入客体化的深渊。这是教育的使命，也是教育的责任。"没有一个人能认识到自己天分中沉睡的可能性，因此需要教育来唤醒人所未能意识到的一切。每一种教育的作用也并非是事先能预料的，教育总是具有无人事先能想到的作用。"❷

　　（四）超越

　　人作为存在，在时间的意义上，是有限的存在者。这个存在者与其他存在者的区别在于，人是有意识的存在者。作为有意识的存在者，人是自由的，而且是绝对的自由。在自由的意义上，人是可能的存在。在这种可能之中，人不断地面向超越。尼采将超越性赋予"超人"。其实，"超人"所指的也不是"神"，而是有能力不断"超越"自己从而恢复自由的那种"人"。在海德格尔那里，超越一词有三个意思：我们总是在世，总是和他人共在，总是朝向未来。"此在总已经'超出自身'，并非在于对另外一个它所不是的存在者有所作为，而

---

❶　海德格尔. 存在与时间［M］.陈嘉映，王庆节，译. 北京：生活·读书·新知三联书店，2008：340.

❷　雅斯贝尔斯. 什么是教育［M］.邹进，译. 北京：生活·读书·新知三联书店，1991：65.

是作为向它自己本身所是的能在的存在。"❶ "此在的存在建构包含有筹划，即向此在的能在展开的存在。此在作为有所领会的此在既可以从'世界'和他人方面来领会自己，也可以从自己的最本己的能在方面来领会自己。"❷ 而在雅斯贝尔斯那里，"超越"一词主要指超越自我、腾飞于自我之上的过程中，我们所完成的运动。❸ 雅斯贝尔斯认为："教育即生成。"❹ 而生成的静态形式是习惯，动态形式即超越。❺ "超越存在就是我借以成为我自己的那个势力：我之所以是自由的，恰恰就是由于它的缘故。它最有决定意义的语言，乃是通过我的自由自身所表示出来的语言。"❻

与尼采、海德格尔、雅斯贝尔斯的主张大致一样，萨特经常说到的是朝向世界的超越和朝向未来的超越。"自在的存在（即萨特的 en-soi）是一件事物自足的存在。一块石头是一块石头；它是其所是；而且，就恰是其所是而言，一点不多也一点不少，这件事物的存在总与它本身相合。自为的存在（pour-soi）是与意识领域同属一个范畴的，而意识的本性则在于它不断地超出它自己。我们的思想超越它自己，走向明天和

---

❶ 海德格尔. 存在与时间［M］.陈嘉映，王庆节，译. 北京：生活·读书·新知三联书店，2008：221.

❷ 海德格尔. 存在与时间［M］.陈嘉映，王庆节，译. 北京：生活·读书·新知三联书店，2008：255.

❸ 让·华尔. 存在哲学［M］.翁绍军，译. 北京：生活·读书·新知三联书店，1987：45.

❹ 雅斯贝尔斯. 什么是教育［M］.邹进，译. 北京：生活·读书·新知三联书店，1991：14.

❺ 雅斯贝尔斯. 什么是教育［M］.邹进，译. 北京：生活·读书·新知三联书店，1991：15.

❻ 雅斯贝尔斯. 生存哲学［M］.王玖兴，译. 上海：上海译文出版社，2006：72.

昨天，还走向世界的外部边缘。人的存在因此是一种不断的自我超越：在存在时，我们总是超出我们自己。因此我们绝不是像拥有一件东西那样拥有我们的存在。我们的存在每时每刻都在不断飞出我们自己，否则就是不断落后于我们自己的可能性之后。在任何情况下，我们的存在都决不会精确无误地同它自身重合。要想成为这个样子，我们就只有陷进事物自足的存在形式；而这又只有当我们不再是有意识的，才有可能。" ❶

　　与上述存在主义者相似，另一位存在主义大师别尔嘉耶夫也认为："超越，是一个蕴含着动力的积极主动的创造过程，是一种深刻的内在体认。……当然，这一切决非外在化，而是内在化。只有像客体化这种虚假的超越，才炮制超越的幻象，把人向外抛出，摧残并统治个体人格。就生存意义而言，超越是自由，以自由为前提，使人从自我的位置上获释。" ❷

　　通过以上的论述，我们看到，对于生命而言，首先是存在。生命作为有限的存在者，时间具有优先性，而不是空间。生命是自由的。这种自由的根源乃在于人的意识。生命是可能的存在，是超越的存在，是从自在走向自为的存在，是是其所是的存在。而主客二分的认识论将存在论连根拔起，将空间而不是时间置于优先的位置，否定了存在的自由性、可能性和超越性。这是本末倒置的，是遗忘了存在的认识论。因此，必须明确的是，作为主体的前提和基础是存在。

---

❶　威廉·巴雷特. 非理性的人［M］.段德智，译. 上海：上海译文出版社，2007：263.

❷　尼古拉·别尔嘉耶夫. 人的奴役与自由［M］.徐黎明，译. 贵阳：贵州人民出版社，2007：11.

第五章　超越主体的教学

在第一章中，我们界定了存在的双重含义：一是指人生之"在"，即教育教学领域中的师生之在；二是指存在论意义上的"有"或"是"。在研究的开始，我们就指出，教育教学领域中人这一存在是我们研究的核心。因此，在第二章至第四章中，我们重点围绕师生生命而展开了讨论。在本章中，我们以存在的含义为经，以知识的构成要素为纬，首先仍以教育教学活动中人这个存在为重点展开讨论，然后再讨论教育教学中的知识属性问题，最后讨论教育教学所面对的存在论意义上的"有"或"是"。

在主客二分的认识论知识教学观规训下，学生被异化，失去了作为存在的前提和基础。因此，为走出知识的桎梏，须转变知识教学观。在存在论的前提和基础上，审视知识，进行知识教学。然而，这种转变非一日之功。这是因为，主客二分的认识论哲学是现代性的基础。问题的关键在于解构，解构主客二分的认识论哲学的教育教学表征。因为，只有在深刻认识和把握其弊害的基础上，建构才成为可能。问题的关键也在于重构，以此指出教育改革的行进路径。

知识是外在于"人"的，源于认识的客体，人可以以此成为认识的主体。主体和客体构成了认识论的核心要素。知识在课程与教学中成为认识论的，"人"自身在教育教学中被"遗忘"了。教育教学成为认识论的，存在论依附于认识论了。教育教学的首要是存在论的，没有存在，教育教学就失去了根基，就谈不上认识。我们说教育的对象是"人"，但是在具体的教学实践中，我们恰恰丢失了"人"。在知识社会中，教育中成问题的或许不是如何学习知识。换句话说，成问题的不是认识问题，而是存在问题。我们需要将"自我遗忘的人"从他浑浑噩噩的状态中拉出来，摇醒他，使他意识到自我，引导他走向自身的自由和担负起自身的责任。

一、教育目的：面向存在

人是天地间之一真性灵。《说文解字》中说："人，天地之性最贵者也，此籀文像臂胫之形。"《道德经》中说："道大，天大，地大，人亦大。域中有四大，而人居其一焉。"

对于人的存在形态，马克思主义将其分为三种：作为类意义上的人、作为群体意义上的人和作为个体意义上的人。人是类、群体和个体的统一。作为类而言，人与动物、植物等类相对。作为群体，包括不同民族、阶层、地区的群体之间的关系。作为个体，包括个体的自由、可能性和超越性等。

（一）超越知识本位

面向存在的教学，在类的意义上，就是为何以人为本的问题。因为在历史上，人类经历了"神本"的过程。进入现代社会，人类又经历了"物本"的过程。今天，我们为何要以人为本呢？

1."神本"与"物本"

在人类的发展史上，宗教曾以极大的势力出现在人类面前。它渗透在政治、经济、教育等各个领域，无孔不入。就在这个时期，人类进入了"神本"的时代。人类将自己禁锢在神的统治之下。表现在教育中，就是宗教成为教育的目的，正如夸美纽斯在《大教学论》中所说："今生是为了永生的准备。"宗教的内容成为学校教育教学活动的主要内容。于是，在神本的时代，在认识论的意义上，神是目的，而师生成为工具；在存在论的意义上，师生遗忘了作为人自身，也遗忘了存在自身。

启蒙运动将人从神的统治下解放出来，但是人又开始为自己精心打造另外一副枷锁，主体哲学逐渐成为近现代社会的基础。在主客二分理论的支配下，科学技术在16世纪以后获得了迅猛发展，人类进入了"物本"时代，也就是马克思所说的"以物的依赖性为基础"的时代。人的价值虽然不能脱离物的价值，人的价值虽然不能通过他所创造和拥有的物的价值来衡量，但是，在"物本"时代，人的价值开始决定于他所拥有的物的价值，人的命运开始由物来控制和决定，为了占有和利用物，忽视、贬低、放弃甚至牺牲人的价值。物的标准，就是看自己的活动能获得多少物质利益，主要考虑自己的投入同物质回报的比例。因此，在"物本"时代，人与万物的关系主要是认识关系。人作为认识的主体而存在，万物成为有待认识的客体。然而，主体却要从客体获得自身的规定性，获得自己的尊严和价值，主体被客体化，主体的存在论前提被取消。这样，主体成为不是主体的主体，只能称之为名义主体或空位主体。

以往的社会，知识只供少数人占有，成为多数人梦寐以求的奢侈品。进入知识社会之后，知识成为人的生存方式。因此，知识社会中"物本"的主要表现形式是"以知识为本"。知识是人谋求生存的基本途径，只有掌握了一定的服务于社会、服务于他人的知识，才能获得个体自我基本生存的条件。因此，知识成为可供交换和流通的资本。

2. 教学中的知识本位

知识本位的教学是指以知识授受为中心并止于知识授受的教学。今天，这种教学一方面植根于知识社会本身，另一方面决定于得到片面强调的教育功能。

教育具有个体谋生的功能。在知识社会中，在"以物为本"的时代，教育的个体谋生功能被不断强化，或者可以说，教育的个体谋生功能被置于最重要的地位。这样，学校教育中知识的地位达到了无以复加的程度。最终，学校教育走上"以知识为本"之路。以知识为本的学校教育表现就是，寻求知识的确定性，并以知识确定性为对象而构筑了一个牢固的客体世界。这个客体世界具有客观性、自主性和封闭性等特征。而构成教育的静态因素教师、学生与动态因素教育目标、课程、教学（内容、方法、组织、资源）和教育管理等都围绕以知识构成的客体世界而展开。以知识为本，就是以成绩为本，以升学率为本，师生因此而被异化，在认识论的意义上，知识成为目的，而师生成为工具。知识反客为主，目的设计工具，控制工具，役使工具，指挥工具。这样，师生就被役使，被异化。在存在论的意义上，师生遗忘了作为人的存在和存在自身。

教学的知识本位倾向已成为我国教育改革中的顽症。现行的教育改革若不深入改变这种知识本位倾向，则至多只是隔靴搔痒，难以取得根本性的突破，难以改变教学理论上主体哲学的主导地位，难以使教学实践面向存在。

3. 超越知识本位的教学

以人为本是对"神本"和"物本"的超越。在认识论的意义上，就是克服目的与手段的分裂，实现目的与手段的统一。人不仅是工具，也是目的。人"是作为目的而存在的"。人要"永远当作目的看待，绝不仅仅当作手段使用"。❶人作为目的和作为手段是不可分的，人既是目的，又是手段，是目的和手段的统一。在"神本"时代，神是目的，人是工具；在"物本"时代，物是目的，人是工具。这造成了目的与手段的割裂，人自身的分裂。于是，人为神所役，人为物所役。教育中的师生作为生命，也表现为与自身的分裂。因为，在学校教育教学中，师生为神所役，师生为知识所役。

---

❶ 康德. 道德形而上学的基础［C］// 北京大学哲学系外国哲学史教研室. 西方哲学原著选读. 北京：商务印书馆，1999：317–318.

以人为本是对"神本"和"物本"的超越。在存在论的意义上，就是使人回到人自身，回到存在。作为类意义上的人，人首先是"类"的意义上的存在，也即人首先作为类"出离"世界，而与其他万物相对，这样才割离为"我"与"它"。然而，"物本"的时代是认识论的时代，主体哲学成为时代的基础。这样作为类意义上的存在遭遇双重困境：一是人作为类而在整体意义上遭遇客体化，消弭了人作为"类"之世界。这是因为，在主客对立的意义上，在认识论中，"我"被拖曳进"它"之世界，"我"成为"它"。二是人遗忘了自身的存在，也遗忘了存在自身。人作为类不仅与万物相对，也有与万物"在世之在"和"共在"的一面。这种"共在"是空间意义上的，更是时间意义上的。在时空中，人与万物"打交道"，从而进入彼此。这是人存在的辩证法。然而，存在论意义上"共在"的人在认识论中而被遗忘。

以人为本是对"为物所役"的反动，是对"物本"的超越，是人从对物的依赖中回到人本身。"物本"将人导向认识论，而"人本"将人引回存在论。世界是人存在的世界，离开人就谈不到世界的存在问题。当我们从"物本"的认识论中将视角转向"人本"的存在论中，人作为世界之本的意识就立即被召唤出来了。因此，作为类的整体意义上的人要超越"物本"，必须回到人本身上来，回到存在论上来。

教学实践误入科学主义歧途，一味寻求知识的确定性，因而构筑了以知识为对象的客体世界。以知识为对象而构筑的客体世界成为评价和教学的立足点和出发点。这样，在知识与学生构成的主客关系中，知识"反客为主"。不是作为客体的知识围绕主体，而是师生作为主体围绕知识这一客体；不是生命将知识"唤上前来"，而是知识将生命拖曳进以其构筑的"它"之世界。这样，"植根于主体的首要的真实的生存被转移到外化的客体的深层面的幻象中。这样就发生了倒错：普遍的—最高的，个别的—卑微的。然而，一切却应正好相反，即植根于主体和生存的深层面上的个别的事物才是最高的，普遍的事物应是卑微的"❶。在具有普遍性、客观性的"它"之世界中，师生终被客体化。

存在论取向从师生作为存在的生命出发。它承认，每一个生命都是具体的，而不是抽象的；它承认，每一个生命都是丰富的整体性存在，而不是单纯认知意义上的存在；它承认，每一个生命都是以其对自身可能性的筹划而超越自我、实现自我和确证自我，而不是跌落于客体世界之中；它承认，生命的展开过程也是寻找生命存在意义的过程，而不是在客体化的道路上"渐行渐远渐无穷"的过程。这种存在论意义上的生命存在是本真的生命存在。在本真的存在状态中，人对自己的生命自主支配，从而使自己获得真正的主体性。

因此，教学实践回到师生的生命本身，应该从认识论转向存在论。知识教学应该基于师生生命可能性的筹划，基于师生的超越性，基于师生的生命自由。表现在具体的评价与教学中，大致可作如下理解。首先，在评价中，书面评价主要是来

---

❶ 尼古拉·别尔嘉耶夫. 人的奴役与自由［M］.徐黎明，译. 贵阳：贵州人民出版社，2007：49.

自他者的抽象甄别，而师生无权参与其中；书面评价主要是基于外部的评价方式，而否认师生的自我评价；书面评价主要是判断个体发展程度的高低，而不是诊断个体发展的可能性。因此，需要变革以书面评价为主的评价方式。评价应该从他者的抽象甄别，走向师生的共同参与；从强调外在评价，走向基于自我评价，实现外在评价与自我评价和谐共进；从判定个体的发展程度，走向确定个体发展的可能性。其次，在教学中，一是注重以自我为对象的反思，而不仅仅指以知识为对象的反思。知识不该只是识记的对象，而是可以促进个体以自我为对象的反思，促进个体自我意识的觉醒和精神自由的获得。二是注重以自我为对象的体悟。知识不该只是推理的对象，而是可以促进个体对生命的体悟、对精神自由的体悟，促进生命在体悟中成长。三是注重以自我为对象的对话。知识不该只是复现的对象，而是可以促进个体以对话的方式自我建构。

学校教育回到存在本身，应该以知识敞亮知识对象，解构学校教育中以知识为对象的客体世界。从知识的概念来看，它至少涵盖两对关系：一是知识与认识者的关系，二是知识与知识对象的关系。在学校教育中，认识者主要体现为师生，知识大致可划分为自然知识、社会知识和人文知识，知识对象大致可理解为自然世界、社会世界和人文世界。因此，学校教育中知识涵盖的两对关系体现为知识和师生这一特殊认识者的关系，知识和自然世界、社会世界以及人文世界的关系。

知识，无论是自然知识、社会知识还是人文知识，其确定性主要取决于两点：一是学校教育中的人为性因素，如我们前面提到的知识在评价与教学中确定性的寻求。二是人类对自然世界、社会世界和人文世界的现有认识。前一种人为强化因素是对知识的误导，后一种因素是人类认识的历史规律。随着人类在历史过程中对这三个世界认识的不断深化，自然知识、社会知识和人文知识，尤其是社会知识和人文知识，也呈现出鲜明的不确定性。教学恰恰在以知识确定性构筑的封闭性的客体世界中，遗忘了人类对自然世界、社会世界和人文世界的认识不断变化和发展的可能性，遗忘了知识不确定性的一面。

因此，一方面，评价与教学应该考查学生对知识自身的把握。这样，知识在教学与评价中进入学生的视野，敞亮学生的生命。在知识与学生的双向互动中，学生以知识为阶梯持续地超越自身，筹划生命的可能。另一方面，也是更为重要的，应该以知识敞亮自然世界、社会世界和人文世界，学生透过知识的光亮在对自然世界、社会世界和人文世界的认识与把握中，理解世界的丰富性和变化本质，进而把握知识自身，理解知识面对自然世界、社会世界和人文世界的不确定性，领悟知识在自然世界、社会世界和人文世界中鲜活的生命力，从而打破确定性知识构筑的客体世界。于是，学生在对自然知识、社会知识和人文知识的确定性与不确定性认识中，在对自然世界、社会世界和人文世界丰富性与变化性的把握中，也必领会生命的可能与意义。

在主客二分认识论支配下的知识本位的教育教学，知识与学生的关系如同车子与货物的关系，货物被运上车子，此时，车子与货物的关系只是简单的承载和运送的关系，而当货物被运到地方后，货物与车子就没有任何关系了。在存在论的意义上的知识教育，知识与学生的关系是空气、水和养料与树木的关系，空气、水和养料融入树木而与其成为一体，空气、水和养料让树木成长为树木。

（二）超越二元区分

以人为本的问题，在群体的意义上，就是以何人为本的问题。

由社会因素和教育自身因素所致，教育对象已经分化为不同的学生群体。首先，从社会因素来看，因长期的城乡教育的二元结构，出现了农村学生群体和城市学生群体；因城市化进程产生的流动人口，出现了流动人口子女群体。其次，从学校教育内部来看，最突出的问题是，在应试教育的背景下，因现有的教育教学方式，学生被人为划分为学优生群体和学困生群体。在这里，我们只分析学优生和学困生二元对立区分的问题。

学优生和学困生二元对立区分产生的根源是，在主客二分的认识论教育观支配下，学校教育教学根据学生对确定性知识的认知、占有和利用程度而人为划分的结果。以确定性知识构筑的客体世界是学生认知、占有和利用的客观对象，考查的主要是学生的记忆、复制的能力。以书面评价为标准，根据学生在平时的教学中对确定性知识的记忆、复现与标准性答案的吻合程度，进而为每一位学生打个分数，排定名次。这样，谁是学优生，谁是学困生，也就一目了然了。学生个人的成绩单、班级排定的成绩单和年级排定的成绩单是学优生和学困生的权威发布。学生本人依据个人成绩单、班级成绩单和年级成绩单而确定自己的归属，同时也据此确定其他同学的归属。这三者也是熟悉这些同学的班主任和其他教师确定每一位同学的归属的根据。

学校教育教学中的学优生和学困生的二元对立区分导致种种问题出现。首先，学优生相对占据着更多的却是有限的优质教育资源。因学习活动在评价过程中而产生的不同结果，学校教育教学出现了学生的分层化，即学优生和学困生。这样，每个学生在集体中获得了不同的认可程度和地位。在一定程度上，这种地位成为学生被认可的判断标准。自然而然地，教师和同学眼中的学优生应该占尽天时、地利。于是，面对任何问题，无论外在的分配标准是否合适，他们都更多地占有着却是相对有限的优质教育资源。

其次，在生生之间的关系上，不同群体的学生之间关系易于疏远。学生越是投身于客体世界，对确定性知识掌握得越多，越是在不同的考试中屡战屡胜，就越获得更高的认可，就成为成功者、学优生。那些对确定性知识掌握相对较少而在屡次考试中成绩在后的学生，就成为学困生、失败者。学优生在一定程度上有着较强的优越感，而那些学困生却易于产生挫败感。这样，他们都依据外在的评价标准而处理着相互之间的关系。在外在的客观标准中，学生既易于失去自己的人格尊严，也易于失去独立的自我。这样，学生往往集体失去了存在感。他们是认识者，为外在的确定性知识构成的客体世界所役使，成为异化的自我。

最后，在师生关系上，教师给予学优生群体更多的关注和指导。这种关注和指导是以亲切的眼神、温和的动作、到位的指导为特征的。在课堂外，教师和学优生群体的交流也更多，即使学优生迟到、早退，甚至犯了更严重的错误，他们也得到了更多的谅解，而同样的错误如果发生在学困生身上，他们可能不被宽恕。这可能是教育教学中最大的不公平。于是，学优生和教师的关系更密切，也得到了教师更多的指导、信任与鼓励。相对而言，学困生群体却在课堂教学中被给予了较少的关注，即使有些关注，也多是象征性的。在课堂教学之外，因自尊心等原因，他们更愿意选择远离和躲避教师。他们与教师的关系相对疏远，得到的指导、信任和鼓励也更少。

然而，那些以胜利者的心态终日"遨游"于确定性知识构筑的客体世界之中的学优生，却可能是被异化和遗忘存在本身最深沉的学生。首先，在认识论的意义上他们被异化。他们具有良好的时间观念，更加懂得珍惜时间，恪守时间表，从而在时间中不断地定格自己。他们的身体成为被自己和他者规训的工具，于是身体得到了更多的规训，举止更加"得体"。他们的大脑被确定性知识终日填充，思维也更趋机械化。其次，在存在论的意义上，他们将自己遗忘得最深沉。在对客体的认识中，他们遗忘了认识客体的这个"人"。越是投身于确定性知识构筑的客体世界，他们越是遗忘了认识客体的这个"人"。他们投身于确定性知识构筑的客体世界，从而漠视了知识的不确定性，也遗忘了知识对象的丰富性和不确定性。自然世界、社会世界和人文世界是如此的丰富多彩，变化莫测，然而一叶障目，不见泰山。或许也正是这个因由，那些在学校中成绩最好的教师眼中的学优生一旦进入社会，大都成为庸庸碌碌之辈。

而那些更少地投身于确定性知识构筑的客体世界之中的学困生，却可能是最少被异化的、最大程度上本真存在的学生。在认识论意义上，他们更少地被异化。他们不以确定性知识为主人，而是"良臣择主而侍"。他们缺少严格的时间观念，更少地在时间中定格自己。他们更少地以身体为工具，也得到更少的规训。他们更少地记忆、复现那些确定性知识，思维也就更少被固化。在存在论意义上，他们是本真的存在。他们更少地认识、占有和利用客体，也就更少地遗忘认识的这个人。他们可能有更多的机会融身于自然世界、社会世界和人文世界，更多地认识到知识的不确定性和世界的丰富性和不确定性。或许正是这个因由，他们进入社会后可能成为大有作为和叱咤风云的人物。

因此，以对确定性知识构筑的客体世界的认识、占有和利用为标准，人为地划分学优生和学困生群体是值得怀疑的。这种人为的划分将生命异化，使生命遗忘和漠视存在。因此，我们需要超越这种意义上的学优生和学困生群体的划分。我们认为，教育教学不是以学生对确定性知识的认识、占有和利用为唯一标准，而是要以生命作为存在为教育教学的对象和根本出发点，从而真正消弭学优生和学困生的人为划分。这可从以下三点来理解。

第一，以生命作为存在为教育教学的对象和根本出发点，就是认识到人本身的尊贵和重要，人应该本着人的价值和需求而有所行为，认识到人是出发点和归宿，人是世界的本真和最高的存在，人的价值是最高的价值。

人是生命的存在。生命具有不可再生性、不可分割性、不可组合性、不相容性（每个生物体只有一个生命）、不可共存性（一个生命不可能共存于许多生物体之中）、不可取代性、不可交换性。因此，不同群体的人都应该受到尊重，都应该得到同等的对待。

同时，人不仅仅是一种存在，不仅仅是需要被肯定、尊重的存在，人的存在的价值和意义不是自然产生的，而是在人目的性活动中创造和生成的。人存在的价值和意义在于以自己的存在方式的目的性活动而创造价值、生成意义。人存在于现实之中，生活于现实的世界之中。但是，人的需要促使人既不满足于自己现成的现实存在，也不满足于世界现成的现实存在。人通过自己目的性活动改变世界的现实存在形式，从而创造能够满足人、适合人的需要的对象和对象世界。人创造对象和对象世界的活动也就是创造价值、生成意义的活动。通过这种活动，人才拥有了人的世界并成为人的世界的根本，人才获得存在的价值，人本身也才具有作为人的根本意义和最高本质。因此，不同的群体在他们自身需要的满足上、在自身发展的需要上、在对象性的活动中需要受到同等的对待，以实现他们各自的发展需要。

因此，教育教学中的公平和均衡是在人的意义上的公平和均衡，是在人作为存在本身的尊贵和重要的意义上的公平和均衡，是在人是世界之本的意义上的公平和均衡，是在生命本身的不可再生性、不可分割性、不可组合性、不相容性、不可共存性、不可取代性、不可交换性意义上的公平和均衡。

教育教学中的公平和均衡是在师生的目的性教学活动而创造价值的意义上的公平和均衡。教育教学公平和均衡就是看教育教学是否为师生提供了目的性教学活动所需要的条件和资源，是否满足了师生发展的各自需要，在目的性的教学活动中是否得到了同等对待。

延伸到具体的教育教学问题，在生命本身的尊贵和重要上来理解就是：学优生和学困生如何得到同等的对待？处于不同群体的学生之间如何看待彼此？教师如何对待不同群体的学生？在师生的目的性教学活动中来理解就是：学优生和学困生如何获得各自学习的发展需要？教师在提供学习资源时是否一视同仁？

第二，以生命作为存在为教育教学的对象和根本出发点，就是以知识教学为核心的学校教育，既要重视确定性知识的传授，也要重视学生对不确定性知识的学习。确定性知识和不确定性知识共同构成了知识的双重属性，就像一枚硬币的两面而不可分割，单纯地突出任何一个方面都是有缺陷的、不完善的。只有认识到知识的不确定性，才能更准确地理解知识、把握知识、运用知识。

第三，以生命作为存在为教育教学的对象和根本出发点，就是以知识"敞亮"知识对象。这首先需要解构以确定性知识构筑的客体世界为前提，打破这个客观的、自主的、封闭的、不可批判的、享有无上权威的客体世界，从而让知识对象透过知识得以走到认识者面前。这就是说，让自然知识"敞亮"自然世界，让社会知识"敞亮"社会世界，让人文知识"敞亮"人自身。

（三）超越空间优先

在个体的意义上，人作为存在，主要可从以下几个方面来理解：人是时间中的存在，人是自由的存在，人是可能的存在，人是超越性的存在。

因认识论而营造的客体世界，表明了空间对人存在的优先性，而否认了时间对人存在的优先性。这是一种本末倒置的理念。人在空间的客体中，消弭了"我"之存在，按照客体的规定"打磨"自己。于是此在先行跌落于"它"之世界中。

认识论导致存在依附于认识。认识总是认识点什么，有个认识的对象，而这个对象首先必存在于一定的空间中。这样才有一个"它"与"我"相对存在。这个"它"才成为"我"的认识对象。这样才构成认识的前提和基础。因此，在认识论中，相对于时间，空间就有了优先性的地位。正是在认识论中，空间才可以将时间空间化，客体将主体客体化。在对客体的认识中，师生的生命被空间化理解，这样师生之"我"被拖曳进"它"之世界，被客体化。

主客认识论的问题在于，客体外在于主体而存在。因此，主客关系首先是空间关系。主体只有在空间中才能把握客体，客体在空间中"面向"主体。因此，主体要认识客体，首先在空间意义上展开生命。而空间优先性的生命展开，从根本而言，就是生命的客体化。

主客认识论将空间置于优先地位，也因此"它"具有了优先地位。这样，时间空间化，时间退居其次，"人"作为存在而退居其次。这一弊端在学校教育与管理中表现无遗。在管理中，学校教育教学作为场域的存在优先于时间存在。这表现在学校师生的各种集会中、教学的课程表中、诸多考试中。空间作为规训与惩罚的终极目标，而时间作为空间规训和惩罚的手段。时间的空间化就是以物理时间为手段而对身体作空间规训，直接对身体作空间规训。空间相对于时间的优先性，对于师生而言，就是教育热衷于规训身体。身体是物质性的存在，是"它"，是"客体"。"它"应该是确定性的存在，应该像一件东西那样规则地"摆放"在那里。

人作为有限的存在者，首先是时间性的存在。可能、超越和自由皆根植在时间性中。在时间中，人以自由、可能和超越确证自我，达成自我，空间只是在时间的"我"之可能、超越和自由中"唤上前来"，以之达成"我"，而可能、超越和自由的迷人之处就在于时间意义上的未定状态，这也是人之存在的迷人之处，就在未定状态中，人走向自我达成、自我确证。

然而，对于人而言，人首先是时间性的存在，而不是空间的存在。这是因为，人终究是有限的存在者。而有限归属于时间，人须在时间的维度上来理解。也就是说，人是时间性的存在。在时间的维度上，人是什么呢？人是可能，人是超越，人是自由。因此，从人的角度而言，时间具有优先性，应该从时间来理解空间，空间应该时间化。也就是说，在人的维度上，时间将空间时间化。

从语言的角度而言，我们将空间和时间并置在一起讨论时，我们不是说空·时，而是说时·空。原因何在？这样一个语言习惯是否为偶然的呢？英文的时空如何排序呢？对于世界和宇宙的理解，首先是变异性的，时间维度上的。

在对时间的理解中，师生的生命在可能、超越和自由中理解，这样，师生之"我"就向着时间意义上的"我"而敞开。"我"始终走向"我"。这样，"我"始终在，"我"是本真的存在，在可能、超越和自由中存在。而空间优先性的时间敞开中，"我"不在场，而在场的只是"它"，"我"就是非本真的存在，"它"和"它"之世界的因果律"规训""我"、"打磨""我"，"我"走向"它"。而在时间优先性的空间敞开中，"我"将"在世之在"的"它""唤上前来"，成就"我"走向"我"，从自在走向自为。

存在论意义上的生命，是时间意义上的生命。一切存在都是时间的存在，都在时间中到时。生命首先在时间中面对"我"，面向"我"自身。在时间之思中，生命对自身筹划，从自在走向自为。这样，生命划向自我、超越自我和确证自我。

人是时间中的存在。对于人而言，首要的不是存在于何处，而是是否存在。这也就是说，对于在时间和空间中的人来说，时间具有优先性。这是因为人在根本上，是有限的存在者。人总是以时间为尺度而谋划自己的可能性，在时间中从自在走向自为。然而，教育教学活动中的空间却处处得宠，以空间规训人这一存在。在空间优先的情况下，生存意义上的时间被消解，而自然时间成为空间的奴仆。学校中的作息时间表就是典型的例证。

人是意识的存在。人区别于"它"，乃在于人的意识。意识总是对什么的意识，也就是说，意识总有个意识对象。从现象学的角度而言，意识的对象为"它"之意识，为"我"之意识。在主客认识论中，"它"对于意识具有优先性，意识以"它"为对象，意识成为"它"之家，而"我"却流浪在意识之外，无家可归。在存在论中，意识以"我"为对象，意识将"我"迎回"家中"，意识在时间中面向自身，而不是"它"之世界。意识以筹划中的"我"为对象，以虚无为对象，以可能为对象，以自由为对象，而不是以"它"为对象。

人是自由的存在。人之自由的本质不是外在的、现实的自由之在，而是内在的、意识中的自由之在。这是因为，人之自由，从其根源上来说，乃在于人之意识。也是在这个意义上，我们永远无法像对待"物"一样对待人。我们可以完全控制物，却无法完全控制人。自由与人之在须臾不可分离。正如雅斯贝尔斯所说，我们天生是被给予自由的人。

人是可能的存在。个体生命是可能。一个人之所以与一张桌子有区别，不是生物学意义上的、社会学意义上的、心理学意义上的，而是哲学意义上的。一张桌子今天摆在那里，我们可以推测，它自己明天依然在那里。之所以能够推测，是因为它符合因果律。而人不是因果律，人是可能。我们无法推测一个人的哪怕一点点的东西，甚至连他今晚吃些什么，几点休息，我们都无从算起。哪怕是这个世界上最伟大的科学家，也无能为力。

人还是超越性的存在。他以虚无为对象，不断地从自在走向自为。而一张桌子永远是自在的，永远"是"它自己，与自身完全吻合，而无法"出离"自己。人是自由的存在，这是因为人是意识的存在，而意识是空无，是非存在，但意识恰恰存在。意识的存在决定了人的自由存在，而我们却不能说一张桌子有意识。

在存在论的意义上，知识教学必须回到人作为时间的存在上来，回到人作为存在的自由、可能和超越性上来。这要求学校教育从学生的成长出发，以学生的需求为教育教学的出发点。学生的成长和需要应成为教育教学设计的重要影响因素。教育过程要花更多的时间去聆听并满足学生的需要。学生的个性展示也应当受到鼓励，教育的成功不能与学生的个性成长无关。同时，生命冲动、情感欲望、主观意志这些非理性因素，非但与邪恶无涉，而且应被视作健全生命生长的必要因素而受到重视。只有正确对待并重视学生的成长问题、学生的需要、个性、非理性因素等，创造条件使其能在教育教学过程中积极表达并健康成长，教育才能真正成为"人"的教育。

在学校管理上，我们常常将学生视为客体，以空间规训为首要选择，过于强化了制度的约束、制裁作用。然而，学校管理应该将学生视为时间上的生命之在，在生存时间的意义上制定和执行教育教学制度，应当重视教育教学制度对人这一存在的鼓励和引导等积极的作用；应当在维护基本的秩序的基础上，给予学生更大的自由和选择空间，保障他们自主的思想与活动。

二、教学内容：凸显知识不确定性

"不确定性"的概念来自量子力学，由德国物理学家海森堡（W. K. Heisenberg）最先提出，原意是指量子在时间量确定时，其动量无法确定。这是因为，人类的仪器测不准或描述不出量子的运动轨迹，只能做概率式的统计分析。由于物理学与哲学的密切关系，不确定性这一概念被引申到哲学领域。

英语中表示不确定和不确定性的是 uncertainty。Uncertainty 意指确定性缺乏，不确定的事物，具有怀疑性。将汉语和英语综合起来考察，"不确定性"指事物或过程不具有"确定"的性质，或是确定性的缺乏。不确定性可以用"随机性""不肯定""不稳定性"等词语来表达。

知识具有确定性，同时也具有不确定性。知识的不确定性是知识的另一种存在和发展状态。相对于知识的确定性来说，知识的不确定性是指知识反映事物时的随机性、不肯定性、不稳定性。

在传统经典科学和哲学的影响下，以往我们更多地关注和强调了知识确定性的一面，而忽视了知识不确定性的一面。然而，知识是确定性和不确定性的统一。知识的不确定性正日益受到自然科学和哲学的关注。20 世纪以来，科学知识凸显出不确定性。科学知识具有不确定性的原因大致有二：一是科学知识本身具有不确定性，二是科学知识的不确定性源自客观世界本身的不确定性。这说明，知识的不确定性，不只是人类认识的局限所致，在更深层次上是客观世界本身的不确定性所致。不确定性揭示了当代科学知识的一个根本特征，而且已为科学所证明。20世纪以相对论、混沌理论和量子力学等理论为标志的科学革命颠覆了牛顿范式的知识确定性观念，确立了科学知识的不确定性观念。具体而言，可从以下三个方面来理解：一是爱因斯坦的相对论否定了牛顿的绝对时空观，揭示出时间与空间的不确定性。尽管狭义、广义相对论的表达式是确定性的，但是由它给出的知识是不确定性的。二是混沌具有确定性的内在随机性。描述混沌的方程是确定性的方式，但是该方程具有内在随机性。三是量子力学否定了物质是由具有广延、形体等属性的实体所构成的物质实体观。量子力学的不确定性原理揭示出微观世界本身的不确定性。此外，数学、生物学等领域也证明了各自领域知识的不确定性。

在20世纪，一个重要的哲学思潮是后现代主义。而反基础主义与解构主义是其重要特征，明确表达了不确定性思想。在反基础主义者看来，传统基础主义的根本问题是其要直接为知识寻找一个坚实、不可动摇、确定性的基础，如实体、单子、理念等；现代基础主义的根本问题是勾勒理性反思的限度，为知识提供证明。它要证明什么是可能的，什么是不可能的，什么范围内是合法的，什么范围内是不合法的，等等。而它们的共同特征是都承认有某种永恒不变的知识基础。解构主义则要消解基础、消解中心、反元话语、反整体性。这与反基础主义有相通之处。后现代主义致力于重新审视现代主义，力图消解现代主义的确定性，以便有更多的"自由"空间。知识的确定性在后现代主义的解构下已日益受到重新审视。

知识的不确定性，可以从自然知识、社会知识和人文知识三个方面来理解。一是自然科学和哲学的发展都证明了自然知识具有不确定性。这种不确定性一方面源于自然知识自身，另一方面源于自然世界。二是社会知识也具有不确定性。社会知识主要是关于价值的知识，而价值主要是在一定时间和一定空间范围内由生活其中的人们"约定俗成"的产物。因此，社会知识的确定性是相对的和短暂的，而其不确定性却是绝对的和永久的。三是人文知识也具有不确定性。人文知识主要是关于意义的知识。这种知识与个人紧密相关，随着个人的年龄、阅历和发展而处于不断变化生成之中。因此，人文知识也是确定性和不确定性的统一。

因此，我们所面对的知识具有确定性和不确定性双重属性。埃德加·莫兰说："我们进入了这样一个时代：建立科学的真理、科学的确定性和思想的确定性的雄心勃勃的事业的失败最终使一系列基本问题涌现出来。"[1] "因此，未来的教育应该重新考虑与认识有关的不确定性。"[2] 教育必须"迎战不确定性"。

---

[1] 埃德加·莫兰. 复杂思想：自觉的科学 [M].陈一壮，译. 北京：北京大学出版社，2001：79.

[2] 埃德加·莫兰. 复杂思想：自觉的科学 [M].陈一壮，译. 北京：北京大学出版社，2001：66.

　　知识作为学生的认识对象，具有确定性和不确定性双重属性。人类关于自然的信念是多样的，知识的不确定性是基于对知识的确定性的反思提出来的，应当是知识观的一种发展，而不是对知识确定性的简单否定。以往的教育仅仅注重知识确定性的一面，以此为教育教学的重心，却忽视了其不确定性的一面。然而，"我们称之为知识的东西就其本性来说只是暂时的，而且永远是这样"❶。因此，"在追求知识的过程中，没有任何理论可以作为终极真理被我们所信赖，我们最多只能说，它是迄今为止的每一个观察所证明，比起任何已知的其他理论，可以给出更多、更精确的预言。它仍然是可以被更好的理论所替代的"❷。

　　教育教学实践迎战知识的不确定性，首要的就是解构以确定性知识构筑的客体世界。以确定性知识构筑的客体世界是一个客观的、自主的、封闭的、不可批判的、具有无上权威的世界。只有解构这个客体世界，才能将师生从对知识的过度信仰中解放出来，才能改变师生被奴役、被规训、被异化的状况，才能使师生"回到"这个作为认识者的"人"，处于本真的存在状态，才能将知识对象"唤上前来"。

　　教育教学需要重视知识的不确定性，改变以确定性知识为教育教学重心的状况。这可从三个方面着手：一是在评价方面，改革书面评价自身，给予不确定性知识更高的地位和更多

---

❶　卡尔·波普尔. 客观知识：一个进化论的研究［M］. 舒炜光，卓如飞，周柏乔，等译. 上海：上海译文出版社，2005：25.

❷　卡尔·波普尔. 客观知识：一个进化论的研究［M］. 舒炜光，卓如飞，周柏乔，等译. 上海：上海译文出版社，2005：30.

的关注，将其他评价方式如表现性评价等作为教学评价的有效方式。二是在课程内容的呈现方面，注重教材中知识不确定性的呈现，抛出一些富有争议性的话题。三是在课堂教学中，不仅要善于运用不同的教学模式和教学方法，更重要的是要善于引导学生关注不确定性知识，思考不确定性知识。这样，才能使不确定性知识占据知识教学的"半壁江山"，从而改变目前以确定性知识作为教学重心的状况。

然而，尽管自然科学和哲学等的发展已经有力地证明了知识的不确定性，但是这似乎还没有引起教育领域足够的重视，教育自身仍沉迷于知识确定性的寻求。只要我们关注一下当下的课程与教学，就可以一目了然。

三、教学过程："敞亮"知识对象

知识与知识对象是统一的。首先，从知识来看，无论是确定性的知识还是不确定性的知识，都源于知识对象。这个知识对象就是"有"与"是"，就是存在。因此，知识对象作为存在论前提制约着知识，知识总是以知识对象的"敞开"为前提和起点。因此，知识对象是知识的故乡，是知识生命力的源泉。任何知识的生产和检验都必须回到知识对象之中才变得可能。其次，从知识对象来看，知识对象需要以知识为使者。知识将知识对象从不同层面向认识者"敞开"。因此，在知识的引导下，知识对象才得以与认识者"照面"。这样看来，知识与知识对象是密切相关且不可分割的。

　　确定性知识和不确定性知识构成了知识的双重属性。然而，在教育教学实践中，我们给予确定性知识过多的关注，从而使确定性知识成为知识教学的核心，成为学校教育的核心。这样，师生的认识开始于确定性知识，也终止于确定性知识，从而造成了自然知识与自然世界相分离，社会知识与社会世界相分离，人文知识与人自身相分离。知识不再是知识对象的使者，不是从不同层面将知识对象"敞开"，而是摇身一变成为"主人"。这样，知识对象也无法被"唤上前来"与认识者"照面"。因此，教育教学过程需要解构以确定性知识构筑的客体世界，在这个前提下，才能以知识"敞亮"知识对象。

　　以知识"敞亮"知识对象，就是引导学生以知识为渠道而走进自然世界、社会世界和人自身。这主要可从三个方面着手：一是在评价中，需要转变仅仅考查学生对确定性知识的认知、记忆与复现的能力，注重评价学生对不确定性知识的理解、运用能力，注重评价学生运用知识解决自然世界、社会世界和人自身的问题的能力。二是在课程内容的呈现上，在呈现给学生确定性知识的同时，也要注重呈现给学生不确定性知识，使他们有机会认识、理解和运用不确定性知识；要注重呈现自然知识与自然世界、社会知识与社会世界、人文知识与人自身之间的密切关联，使学生在对自然知识、社会知识和人文知识的学习中把握自然世界、社会世界和人文世界。三是在课堂教学中，需要引导学生认识和运用不确定性知识，需要引导学生以知识为渠道，进而进入自然世界、社会世界和人文世界，引导学生运用知识解决自然问题、社会问题和人自身的问题。总体而言，就是要引导学生认识自然世界、社会世界和人自身，而不只是以知识为认识的对象，更不是以确定性知识为唯一的认识对象；就是要引导学生理解自然世界，理解社会世界，理解人自身作为生命的存在。

下篇

目标之维

第六章　与教师的对话

当一个人以教师为职志，从根本上说，这样的人生意味着什么呢？

一、人生与教师

人生，是"我"的人生，总有一个"我"如影相随。"我"理解人生，选择人生，规划人生，实现人生。然而，"我"并非那么容易被觉悟到。也就是说，"我"总得首先意识到"我"的存在。这不是一件容易的事，虽然人生中总是"我"在有所思考、有所行动，意识到"我"的存在，意识到"我"区别于这个世界中的天地万物，天地万物之中有一个"我"在，这是何等神奇、何等自豪、何等可贵之事！

然而，"我"的人生，是独立的存在。摸摸自己的身体，这是"我"。以物质的方式，"我"区别于世界中的他者，独立于世界之中。"我"在因我"思"。以精神的方式，"我"区别于世界中的他者，独立于世界之中。"我"拥有自己的身体和精神世界，身体首先外在地使"我"区别于这个世界，让

"我"、也让周围世界感受到"我"作为一个独立的存在。精神则使"我"内在地区别于这个世界，形成"我"对这个世界独特而自我的认识，也形成这个世界对"我"独特而鲜明的认识。"我"是独立的存在。因此，"我"的人生，不是别人的，总是自我的。也就是说，在世界之中，"我"以物质和精神的独特性而存在，敞开。

"我"的人生，作为独立的存在，身体的物质性的"我"是人生中难以把握的，因为其遵循着自然界的物质性的规律，幼而长，长而壮，壮而老，老而亡。作为身体的物质性的"我"，"寄蜉蝣于天地，渺沧海之一粟，哀吾生之须臾"。虽然，科学不断努力地对物质性的身体做出种种改造，以满足"我"的生之欲望，但这种努力是极其有限的。因此，身体的物质性的"我"是"我"的人生中不可控的存在。

作为物质性的身体存在，"我"的人生是在具体时空中有限的存在。人生，必立于天地之某一处，是有限的。古今中外、伟大平凡，概莫能外，即使是"普天之下，莫非王土；率土之滨，莫非王臣"的帝王也仅仅现实地暂有"立身之地"。人生，必从某时某刻始，必于某时某刻止，也是有限的，虽然自我不知晓始于何时、终于何时。正因为如此，才有多少"一寸光阴一寸金，寸金难买寸光阴""花有重开日，人无再少年"这样的感叹！在这有限的时空中，人生便如是地展开，日复一日，自我追寻。

除了身体的物质性的"我"，还有寄于物质性的身体中的精神性的"我"。作为精神性的"我"，"我"拥有一个"世界"。这一"世界"就是"我"的"精神世界"。在这一世界之中"日月盈昃，晨宿列张"，"海咸河淡，鳞潜羽翔"，"鸣凤在竹，白驹食场"。"我"的精神世界是和眼睛所看到的物质世界一样广袤的世界，是和眼睛所看到的物质世界一样丰富多彩的世界。我能够拥有一个世界，则"我"之人生是何等丰富、何等浩瀚！在这一意义上，"我"便不再是天地之蜉蝣，沧海之一粟，"我"便无限广大，乃至与天地为一。行万里路，读万卷书，就在于丰富"我"的"精神世界"。

作为精神性的存在，"我"的人生是在日常生活与终极关怀之间的存在。"我"之存在，必然存在于某一处所，存在于某一时间。也就是说，必存在于某时某地。人生总是在日常之中：一分一秒，日复一日，经年累月。人生总是寓居于天地之间：家里，单位，饭店，街上，途中，车里，乡村，城市，国内，域外。因而，人生是具体的，平常于日用生活之中。然而，人生也是抽象的，常常使人沉思的是：我从哪里来？到哪里去？我是谁？我为什么是我？我的存在有什么价值？对谁有价值？我如何实现自己的人生价值？这些又是抽象的，是对人生的终极关怀。虽然，日常生活常常将人生拉扯进、淹没于五光十色的世俗之中，导致对终极关怀的遗忘，遮蔽终极关怀的光亮。但是，终极关怀总是不经意间照亮世俗中的人生。人生，就是在日常生活与终极关怀之间的自我对话中展开的。

作为精神性的存在，"我"的人生是尚待完成的存在。因为尚待完成，所以人生总是带着向往。那一向往，可能如此崇高，也可能十分平凡。那一向往，可能高不可及，也可能触手可得。那一向往，可能人人可说，也可能"不足为外人道"。但是，人生，总是带着向往，并在世界中有所行动。有所行动，才能不断地开创出人生的新境界。即便垂暮之年，人生依然充满向往，并有所行动。"老骥伏枥，志在千里；烈士暮年，壮心不已"，就是经典写照。尚待完成的人生是带着向往、有所行动的人生。人生的向往就像照进现实的一束光亮，让人生在现实中仍感受到温暖与力量，也让现实中的人生变得五彩纷呈，并将人生导引向充满希望的远方。向往赋予人生以价值。因此，过上自己所向往的生活，为自己向往的人生全力以赴，是其所是的存在，都是人生真正的尊严与庄严！

"我"的人生，又是与世界的共在。"我"立于天地之间，与世间万物共在。这需要智慧的领悟，也是人生的开阔处。"相看两不厌，唯有敬亭山"便是"我"与世界对话后"共在"的感悟。然而，多数情况下，"我"感受到的都是人生的微世界。与亲人相处，爸爸，妈妈，儿子，女儿，爱人，哥哥，姐姐，妹妹，弟弟，叔叔，姑姑，舅舅，等等，便有"遥知兄弟登高处，遍插茱萸少一人"的思念。与朋友相处，同性的，异性的，短暂的，长久的，知心的，重情的，等等，便有"孤帆远影碧空尽，唯见长江天际流"的目送。与同事相处，上司，下属，远的，近的，真诚的，虚伪的，亲善友爱的，恶意相向的，等等，便有"落井下石"的愤慨，"士为知己者死"的豪情。所有这些，构成了人生的喜怒哀乐，情义恩仇，书写了人生的丰富多彩。

　　作为"共在"，"我"的人生，是在他人中看到"我"，实现"我"。"我"，是社会性的存在，离开了群体，便不是完全意义上的人。作为社会性的一员，"我"需要以自我的方式进入社会，成为家庭中的一员，成为亲人中的一分子，有共同努力的亲密伙伴，有把酒言欢的和合好友。人生总是在对亲人、同事、朋友的有所思考、有所行动中表达"我"的存在，实现"我"。

　　"我"的人生，乃是具有鲜明时代性的存在。一个时代，总是赋予人生以不同的选择与风景。每一个时代，都是人生必须面对而无从选择的，必须在对这个时代的观看、对话、选择和有所行动中成长。时代的经济、政治和军事都给人生以各种影响，经济增长与衰退，政治稳定与动乱，军事战争与和平，都与每一个体的人生休戚相关，深刻影响着每一时代个体的人生，个体的荣辱、名利，甚至生死都注定在那个时代之中。"王师北定中原日，家祭无忘告乃翁"的遗愿，"可怜无定河边骨，犹是春闺梦里人"的哀叹，都是一个时代家国天下的写照！只有那个时代的人"身在此山中"，才有切身感受，才能深刻体味，或许其他时代的人永远无法真正理解。

　　作为独立存在的"我"，与世界共在，以活动的方式与世界发生联系、进行交换。一则以活动进行物质生产，物质性的身体的"我"要通过饮食维系物质性的身体的存在。食五谷、啖六畜、尝百蔬，饮食活动是作为物质性的身体的"我"与物质世界发生交换的基本方式。一则以活动进行精神生产，寄于身体中的精神性的"我"，怀七情六欲，有思虑万千，走进自然，或亲切无限，或感慨万千；身处社会，与亲人相处，与朋友交往，与同事共事，与陌生人交流，必百忧感心，万事劳形。认知与情感活动，是精神性的"我"与世界发生联系与交流的基本方式。

"我"的人生，是物质性的身体与寄于身体中的精神世界的统一体；"我"的人生，是有限的存在，是日常生活与终极关怀之间的存在，其尚待完成；"我"的人生，是与"我"之外的世界的共在，是在他人中实现"我"。那么，选择教师为职志的人生，"我"将如何展开？

教师，作为"我"的人生职业选择，"我"以教师身份进入社会，获得生存资料，获得"我"的尊严、荣誉，实现自我，在收获与失去中或爱或喜，或嗔或怨，感悟成长，感悟人生。学校是"我"最主要的存在场所，每天上班，可能有近10个小时的时间在学校。一年之中，可能有8个月，也就是近240天的时间在学校。那么，一年之中，就有2400个小时的时间在学校。一名教师，如果从入职就当教师，至其退休，全部加起来职业生涯可近40年。如此算来，人生之中有三分之一是在睡眠中度过的，有三分之一的时间是在学校度过的，剩余的三分之一时间包括了自己幼儿，少年、青年的全部时间，包括了成年后和亲人、朋友一起度过的时间，还包括了自己休闲娱乐等全部时间在内，甚至都包括自己上班和下班路途中所花费的时间。作为教师，该如何在学校度过自己人生的三分之一呢？这不能不成为每一位教师应该认真思考、努力回答的问题！

人生，选择教师作为职业，三分之一的时间付出于此，能为"我"带来什么呢？人类的活动主要有两类：一类是改造自然，另一类是改造社会。改造自然的实践对象是"物"，改造社会的实践对象是"人"。教师的实践是改造社会的实践，实践对象是"人"，不是"物"。因此，教师不能发财。自古以来，没有哪一位教师拥有巨大的物质财富。"自行束脩以上，吾未尝无诲焉。"这是孔子对自己为师生涯的总结。"冬暖而儿号寒，年丰而妻涕饥。头童齿豁，竟死何裨。"这是唐代韩愈做国子先生的自我写照。

以教师为职志，就是选择做一个精神世界丰富的"我"！与"我"之外的学校和师生共在。"我"作为教师的有限的人生，追求人之所以为人的精神性存在，追求日常生活与终极关怀之间的精神性存在，追求向往中尚待完成的"我"。"我"作为教师的有限的人生，是在学生中实现"我"；在与学生共在中，为人之所以为人而有所行动；引领学生看到人生的光亮，并为此而踔厉奋发；引导每一位学生大胆追求那个尚待完成的"我"。

每一位教师，尤其是刚刚入职的教师，都怀揣着自己美好的向往。那向往，或是热烈而欢快的，或是醇厚而绵长的。以至于多年后回忆起来，还能感受到那时那刻的温度，虽然早已物是人非。在有所向往中，"我"欢快地学习、工作和生活，一天天奔向那个向往中的"我"。"我"向往成为学生爱戴的老师，成为有幽默感的教师，成为学生最喜欢的教师；"我"向往每一个孩子都能成才，都能成长为自己希望的样子，都能怀着感恩的心走向社会、服务社会；"我"向往成为学校的管理者，将自己的才华和抱负都施展在学习和工作的学校之中；"我"向往成为教育的管理者，将自己所在区域的学校管理得井井有条，学生成才，教师幸福，家长满意，社会认可；"我"向往自己成就自己的教学风格，成长为特级教师，有影响力的教师，有自己的见解和思想的教师；"我"向往……所有这些向往都等着"我"去实现，去展开，付诸实践，克服万难，一往无前。

然而，向往终归是向往，每一个心怀向往的人生，都要接受现实的考验。"我"作为教师的种种向往，要接受来自方方面面的挑战：学校的文化适合向往的实现吗？学校的各种规章制度有利于发展吗？学校的人际关系助力于个人的成长吗？学校的条件满足于发展的需要吗？父母需要更多的照顾吗？子女需要更多的陪伴吗？爱人给予更多的支持吗？自己的身心还能适应吗？在女性更多的学校之中，在虽然进入现代社会但思想依然是传统作为主导的家庭中，如果"我"是一名女性教师，有多少机会去实现自己作为教师的向往呢？有多少可以自我选择呢？还是情非得已地被动接受？或许，向往逐渐消散了它的颜色，散尽了它的芬芳，"年与时驰，意与日去"。在这些林林总总的困难和选择之中，作为教师的"我"，要做出自己的选择！

教师的向往与选择还要接受时代的考验，并具有鲜明的时代性。古代从事教育的人被称为先生、老师等。称先生者，如《礼记·曲礼上》：从于先生，不越路而与人言。遭先生于道，趋而进，正立拱手，先生与之言则对，不与之言则趋而退。
（郑玄注："先生，老人教学者。"）《进学解》开篇即言："国子
先生晨入太学，招诸生立馆下，诲之曰'业精于勤而荒于嬉，
行成于思而毁于随'。"称老师者，如金代元好问《示侄孙伯
安》："伯安入小学，颖悟非凡儿，属句有夙性，说字惊老师。"
《史记·孟子荀卿列传第十四》中说："田骈之属皆已死，齐襄
王时，而荀卿最为老师。"《礼记》中说："人生十年曰幼，七十
曰老。"师者，所以传道、授业、解惑者也。昔日之先生、老
师，无不意味着有德行、有学问的长者。今天，从事教育的工
作者被称为老师、教师，体现了现代社会对这一职业的理解，
具有时代的鲜明特征。

　　对于教师而言，"我"首先是一个人，与世界共在。无论
何时，无论何地，"我"都是作为一个人而整体存在。在工作
岗位上，如果"我"仅仅被单纯地当作教师看待，那就是被片
面地认识和曲解了。"我"不仅仅是教师，还是子女或父母，
是爱人，是朋友，是时代中的一分子。"我"作为个体，时间
与精力是有限的，那么"我"将这有限的时间和精力用在哪里
呢？不管"我"自己是否明确地思考过这个问题，但都以有所
行动的方式回答着这个问题。"我"，或者爱惜自我的身体与灵
魂，将主要的时间与精力都投放于此：美容、美体、锻炼，为
自己灵魂寻找一个安放；或者为家人付出，让自己的父母、爱
人、子女过着更加舒适的生活；或者为友情付出，人生难得一
知己；或者为学生付出，将育人作为自己的职志而付出全部。
事实上，没有一个教师纯粹地生活在一个角色里：仅仅作为自

己、作为父母或子女、作为朋友、作为教师，而是同时生活在多重角色之中，而这多重角色完整地构成"我"。问题是，这多重角色之中，哪一个是"我"生命中最主要的角色，成为"我"时间和精力最主要的投放对象？作为拥有自己的身体和灵魂，并与周围世界共在的存在，"我"是多么丰富、多么生动的存在啊！"我"带着全部理解这个世界，世界也应从这些全部中理解"我"这一存在。

"我"始终要面对的是选择，并在选择中有所行动。选择更多地做一位贤妻良母，还是做一名更优秀的教师；做一个孝子贤孙，还是做一名更优秀的教师。然而，选择既有理智的，也有情感的；既有义无反顾，也有依依不舍；既有心甘情愿，也有情非得已。取舍之间成就了别样的人生。在选择与行动中成就了今天的"我"，成就了各样的人生，成长为此时此刻的教师。

因此，"我"总是在选择并有所行动中成为"我"。而这个"我"，是子女、父母、朋友、教师的集合体，"我"是作为这样一个整体而存在的。"我"是这其中的任何一个，这其中的任何一个也是"我"。"我"带着和它们一起的思想、情感、经历，从过去走来，走向更远的未来。

然而，作为集合体的"我"，哪一个是我自己想要成为的那个"我"，是"真我"？哪一个是我身不由己而成为的那个"我"，是"非我"呢？教师，作为"我"的职志，是否是"我"的人生向往？成为"我"是其所是的选择？

二、教师与教学

以教师为职志，就是选择过一种精神性的生活，做一个精神世界丰富的人。在有所向往中、是其所是地成为"我"，在与学生共在中实现"我"。

志，心之所向也。立志，而后明人生之方向。志于农，则农矣；志于工，则工矣；志于师，则师矣；志于道，则求道；志于功，则求功。立志，人就会自我挺立，自我奋发。虽百折而不挠，千难而不避。心之所向，终必达之！

孔子非常重视立志。他曾与弟子探讨立志的问题。"颜渊、季路侍。子曰：'盍各言尔志？'子路曰：'愿车马、衣轻裘，与朋友共，敝之而无憾。'颜渊曰：'愿无伐善，无施劳。'子路曰：'愿闻子之志。'子曰：'老者安之，朋友信之，少者怀之。'"（《论语·公冶长》）

孟子主张以志帅气，以气充体，人便有了一种昂扬向上的精神状态。他说："夫志，气之帅也；气，体之充也。夫志至焉，气次焉。故曰：持其志，无暴其气。"《孟子·公孙丑上》

朱子主张为学，须先立志。朱子读书法就强调要持志。他说："问为学功夫，以何为先？曰：亦不过如前所说，专在人自立志。"（《性理精义》卷七）

王阳明在贬谪龙场期间，在《教条示龙场诸生》中规劝弟子："志不立，天下无可成之事。"为儿子手书扇面，其中题写"植根可如何？愿汝且立志。"劝诫弟弟守文："志之不立，犹不种其根而徒事培拥灌溉，劳苦无成矣。"他自感对人言及立志太多，在给友人的书信《与黄诚甫》中说："立志之说，已近烦渎，然为知己言，竟亦不能舍是也。"

以教师为职志，就是立志做一名合格的、优秀的教师。如此，首先在于不断实现自我的专业发展，克服职业倦怠，不断超越自我，走向卓越。其次在于克服非教学因素对教师教学的影响。教师专业发展的干扰因素有内在的，也有外在的。内在的干扰因素，体现为教师职业志向的坚定程度；外在的干扰因素，体现为社会环境、校园文化和学校管理等对教师角色的支持程度，教师作为"人"的其他角色对教师角色的压制、排斥程度等，如儿女角色、父母角色，等等。

以教师为职志，就是选择过一种精神性的生活，做一个精神世界丰富的人。教师的精神性的生活从何而来？在于读万卷书。

与现实的物质世界相对，人拥有一个精神世界。这个世界也和物质世界一样，是丰富的、无限的。读书，最是涵养人的精神世界的。曾国藩说，唯读书可以变化气质。气质的变化如何来？就是精神世界的丰富。精神世界如何丰富？就在于读书。

教师读书，不必拘泥一隅。专业是人类认识世界而进行的一种人为的界限划分。其实，世界是一个整体，万物互联，没有界限与专业之分。书是对世界的认识的结果。每本书都表达着对世界的认识，都有益于涵养精神世界。因此，读书不必拘泥于专业，应该无所不读，广泛涉猎。这样，就会丰富自己的精神世界，而不偏于一隅。

教师读书，宜多读"经典"。读书就像和一个人聊天。聊天要和"大家"聊，这样能长见识，开视野。书中的"大家"就是经典。经典是什么呢？就是作者用生命灌注而成，历经千百年洗练传承下来的，具有普适性与实践性的书籍。《周易》《道德经》《论语》《大学》《中庸》之所以流传至今，是因其为作者生命的结晶，具有穿越时空的普世价值与实践价值。与经典相对，自己的精神世界就会慢慢地充盈而高尚。

教师读书，方法为要。读书不得法，则如囫囵吞枣，茫然而无所知。朱子读书法历来是读书人掌握读书方法的法门。正如钱穆所说，朱子确是一个用全生命去读书的人，其读书之法，既浅易明白，又值得终生玩味。读书有法，咂摸有味，精神世界的源泉就汩汩不断。

教师读书，却不应泥于书。尽信书，不如无书。读书，要不为书所困，不能囿于书墙。否则就是读得呆了，完全要不得。读书，当入则入，当出则出，方是打开了精神世界。

读书是认识世界。人一方面是认识世界，更重要的是改造世界。改造世界就是践履。一己之力总是有限的，在践履中难免遇到困难，遇到阻碍。求之于书，则是一条基本的途径。在践履中改造世界，改造意味着开创出新的世界来。然而，"新"不能凭空产生，总是在"旧"中生发出来。读书乃以"旧"生"新"之根本路径。这样看来，读书与践履相互作用。

读书提升教师的精神境界，能将当下融入历史加以观照，能将一己融入万物加以审视。如此，则践履之品格自然高尚。

读书开阔教师的胸襟。道与器，古今与中外，帝王将相与平民百姓，无不在书中娓娓道来。鉴古以观今，见人如见己。如此，则胸中洒然，万物入怀，践履之襟怀自然阔大无外。

读书增加教师的才能。才能一方面是天赋，另一方面靠后天努力。读书是后天努力最主要的途径。读书凝神，读书生智，读书养德。如此，天长日久，践履之才干自然节节高升。

教师这个称谓，它的真正意义在学校，在课堂教学中。这是因为，教师与学生互动的基本形式是教学。教学对教师意味着什么？从某种程度上而言，教学是教师的全部！教师的全部也是教学！以教师为职志，就是以教学为践履之路，在教学中有所向往、有所行动，成就"我"。

教学是教师的社会责任。在教学中，学生的知识与能力、理智与情感、价值观等得到发展，成长为适应国家和社会需要的人才。这是教师的社会责任。在教学中，教师占据主导地位，是教学的策划者、组织者、引导者、管理者……

将读书之得，通过教学传递给学生。韩愈说："学所以为道。"教学在于引领学生知道"我"之在，学生理解自己作为天地万物中一独特性存在，应选择一终生而努力的职志，应在有所向往、有所行动中自强不息。学校教育、家庭教育应注重孩子的精神成长。引导孩子的成长兴趣，志于所向，固本培元，才能成就其一生。若见其外而忽其内，求其近而舍其远，恐非长久之道。《学记》中说："善歌者，使人继其声；善教者，使人继其志。其言也，约而达，微而臧，罕譬而喻，可谓继志矣。"

　　教师读万卷书，以知识的共享为乐，而不是以知识的贩卖为能。教学是师生对人类智慧成果的理解与传承。教学内容，无论教师和学生面对的哪一项，都是人类思考、探索和践行的结果。它们表达着人类的梦想、人类的希望、人类的探索、人类的践行、人类的智慧、人类的苦难、人类的追求、人类的向往、人类的情感。人类以这种方式进入当下，与每一位对话。而我们以这种方式进入历史，也成为历史。学生在人类智慧成果中汲取营养，开创未来，成就未来。

　　在课堂上，教师的表情是教学。教师的眼神，教师的微笑，教师的严肃，教师的可爱，教师的幽默，都是教学，学生从表情的变化中获得肯定与否定，理解与误解，鼓励与禁止，关爱与批评。教师的动作是教学。教师的招手，教师的轻拍，教师的书写，教师的拥抱，都是教学，学生从教师的动作中理解正确与错误。教师的语言是教学。王老师、刘老师、张老师，在学校里，同事这样称呼我们，学生也这样称呼我们。谁的称呼具有真正的意义呢？其实，真正与教师相对应的是学生。教师—学生，这应该是教师职业生涯中最为紧密、最为亲切的一对关系。学生在与教师一起学习的过程中获得成长，他们收获知识、增加才能，丰富情感、形成价值观；教师在和学生一起学习的过程中，看到多彩的生命、蓬勃的成长，收获尊重、感伤、幸福。而这一切都需要教师与学生在互动中完成。教师在成人中成事，在成事中成人；引导学生成人成事，鼓励学生成人成事。

三、教学与教学目标

教学是师生围绕教学目标展开的教与学的活动。

从教学的构成要素考察，教学活动的展开需要的构成要素主要包括教师、学生、教学目标、教学资源、教学策略、教学管理、教学组织、教学评价，等等。

教师与学生是构成教学活动的人的要素，是教学活动展开的核心要素。在教学活动中，教师分别发挥主导和主体的作用。在教学设计和教学反思阶段，教师主要发挥主体作用；在课堂教学和教学评价阶段，教师主要发挥主导作用。学生是教学活动的主体，也是教学活动的对象。在课堂教学和教学评价过程中，学生是教学活动的主体。同时，通过教学活动，学生的知识与能力得到发展，情感与价值观得到培养。这是教学活动的目的。

教学资源是确保教学活动有效展开的支持系统，如教学场所、教学时间、教学设备、教学资料等。教学资源能够为教学活动的展开提供有效保障，通过视觉、听觉等方式，或通过丰富教学信息等方式，达到提升教学质量的目的。

教学管理是教师为确保教学活动有序、有效展开，协调各种教学要素的过程。在教学活动中，教师遇到较多的是教学行为管理问题。如学生人格问题导致的：上课注意力不集中，总是心神不宁，害怕老师提问和批评等，有的沉默寡言，胡思乱想，做白日梦等。如学生行为问题导致的：有的学生多嘴多舌，交头接耳，坐立不安，动手动脚，吃零食，随意走动，故意大笑等。如学生情绪问题导致的：有的学生过度焦虑、紧张，情绪抑郁，心事重重，等等。学生的这些行为问题都影响了正常的教学秩序，教师需要采取有效的管理方法确保教学活动的正常开展。

而在教学诸要素中，教学目标对教学意味着什么？对于教学而言，教学目标是灵魂，处于统领地位。教学目标是教学的起点和基础。如果起点没有抓好，基础没有打好，那么教学就会失去方向。"教学目标之所以重要，是因为教师只有理解了教学目标，才能够很好地安排或设计教学工作的各个环节；学生只有理解了教学目标，才能够集中自己的时间和精力，不断地改进自己的学习，获得最大可能的发展。所以，不理解教学目标，整个教学获得就会失去根本的方向。也正是由于认识到了教学目标在整个教学活动中的地位和作用，苏联教学论专家巴班斯基才把'明确教学目标'作为实现其'最优化教学'的首要条件。" ❶

20世纪50年代，布卢姆等学者经过长期研究，出版了《教育目标分类学》，包括认知领域、情感领域和动作技能领域。布卢姆等学者的《教育目标分类学》被认为是20世纪最经典的教育著作，对教育领域的理论和实践研究影响甚大。后来陆续有众多学者致力于这一研究领域，在认知、情感和动作技能领域多有建树。最有影响的当属布卢姆的学生安德森等人在2001年出版的《学习 教学 评估——布卢姆教育目标分类

---

❶　石中英.教育哲学导论［M］.北京：北京师范大学出版社，2006：205.

学修订版》，这一著作是在布卢姆的《教育目标分类学》一书基础上修订出版的。大约50年后，原书仍受到学界如此重视，可见这一问题的重要程度。此书的影响不仅限于美国国内，它的影响是世界性的。20世纪80年代，布卢姆的《教育目标分类学》被陆续翻译成中文。21世纪初，安德森等人的《学习教学 评估——布卢姆教育目标分类学修订版》也被译成中文，并产生了广泛的影响。持续大半个世纪的、世界性的教育教学目标研究，表明了目标问题对于教育、教学的重要程度。

但在教育教学实践中，教师对教学目标的认识还存在含混的问题。在职前教师教育课程体系中，一般都会开设"教学设计"方面的课程，也都会安排师范生进入中小学"实习"。但一般对教学的核心问题——教学目标，重视程度普遍不高。在教师的职后培训过程中，也少有涉及。这就造成了教师对教学目标学习与运用的"空白"。很多教师对教学目标都是从"仿写"开始的。因此，对教学目标的重要性认识不足，认识含混，缺乏科学设计教学目标的知识与能力。在长期教学过程中，逐渐忽视，甚至漠视教学目标。

教师的教学目标设计与实践能力不足，导致了学生在学习过程中也易于缺乏目标意识。一节课到底要学些什么，学到什么程度，许多学生都对此模糊不清。

然而，与此成鲜明对比的是课程改革过程中出现的问题。21世纪以来，课程改革经历了理念革新、教材更新、课堂创新的发展过程。"教学改革模式潮"涌遍大江南北。一时间，"校校有模式"，"堂堂用模式"。从根本上而言，这次"教学改革模式潮"解决的是教与学的关系问题。无论是以学定教，还是先学后教、多学少教，都是在教与学的关系上打转转。说到底，是教学方式、方法的问题，是教学手段的问题。然而，教学方式、方法成为课程改革的目标，甚至是唯一目标时，就掩盖了教学的基本问题，造成了课堂热热闹闹，学生却糊里糊涂，造成了教师忽视、漠视教学目标。

第七章　教学目标：价值[*]

探讨教学目标问题，首在探讨其价值问题，也就是判断其对于教学的价值问题。

一、教学目标实践存在的基本问题

教学目标实践的基本问题具体体现为教学目标设计、实施与评价问题。综合考察，教学目标设计是实施与评价的前提与基础，是教学目标实践的首要问题。

教学目标设计主要存在两个问题：一个是教师教学目标设计意愿不强；另一个是教师教学目标设计能力不足。

从课堂教学目标设计意愿来看，有研究者对教师叙写教学目标意愿进行了调查。❶ 调查显示，教师教学目标设计意愿主要表现为以下五个方面：其一，置之不理——不写教学目标，认为没用；其二，照搬照抄——从网上或同事处直接

---

* 本章内容曾以《教学目标实践的价值重估》为题发表于《辽宁教育》2018 年第
　1 期，选入本书时有修改。

❶ 张悦 . 教学目标：课堂教学的灵魂——教学目标培训五步法 ［J］. 中小学教师
　培训，2010（7）：46~47.

抄袭；其三，放个摆设——随意写几句，应付一下；其四，先斩后奏——先上课，课后再写上；其五，写教脱离——写是写，教是教。

从中可以看出，教师对教学目标或是不写，或是不认真写，不认真写又分为照搬照抄、随意书写、先上后写、写教脱离四种情况。这主要说明教师对"教学"的内涵理解不明确，对教学中包含哪些要素认识不充分，这些要素又在教学中分处什么地位、扮演什么角色认识不到位。认识不到位则动力不足。因此，教师在教学行为上表现为或是不写教学目标，或是不认真书写教学目标。

课堂教学是最日常、最基本的教学活动。教师对课堂教学目标的设计意愿如此，对单元教学目标、学期教学目标、学年教学目标和学段教学目标的设计意愿可想而知。

从教学目标设计能力来看，体现为教师教学目标设计能力不足。以课堂教学为例❶，在课堂教学目标设计方面常见的问题主要集中在以下几个方面。

一是教学目标的主语表述不准确。下面是一位初中数学老师在《相似三角形的性质》一课中的教学目标设计：

（1）使学生进一步理解相似比的概念，掌握相似三角形的性质定理1。

（2）学生掌握综合运用相似三角形的判定定理和性质定理

---

❶　限于篇幅，在学段上，主要例举初中教学目标设计；在学科上，主要例举数学和语文两个学科。

1 来解决问题。

（3）进一步培养学生类比的教学思想。

（4）通过相似性质的学习，感受图形和语言的和谐美。

　　教学目标表述的主语是"学生"，而不是教师。因为教学目标表述的是学生的学习成果，如果主语被省略，则加上"学生"二字再读一读，通顺，则为正确，否则为错误。因此，"使学生""培养学生""让学生"等表述都不正确。

　　二是教学目标表述不够明确和具体。下面是一位初中语文教师在《狼》一课中的教学目标设计：

（1）正确读文并疏通文意。

（2）了解本文的主题。

　　对于学生而言，每节课的学习任务是具体的。因此，首先是学习内容具体。如学会书写多少汉字，掌握几个文言句式，都要尽可能具体说明。其次是需要达到的程度要明确。根据学生已有的知识与能力，以及课程标准的要求，学生应该在识记、理解、运用、分析和评价等哪一个层级上掌握学习内容，应是明确的。上例中的教学目标表述既不具体，也不明确，几乎可适用于所有语文课堂教学。

　　三是教学目标表述复杂、冗长。下面是一位初中语文教师在《组歌》一课中的教学目标设计：

【知识目标】

（1）理解、积累"执拗、憔悴、璀璨、长吁短叹、盛气凌人"等词语。

（2）了解纪伯伦及其艺术风格，了解课文内容，领悟诗中拟人形象的情感内涵。

【能力目标】

（1）强化朗读，体会诗意推进的肌理和层次。

（2）品析文中意味深长的语句，理解诗中多样化的拟人手法。

【情感目标】

感悟诗作的理性光辉，培养学生的爱国情感。

可见，"知识目标"中的第二个目标表述了四个学习内容：了解纪伯伦，了解其艺术风格，了解课文内容，领悟情感内涵。一个目标有四个学习内容，恐怕学生完成这一个目标就需要一课时啦！教师究竟希望学生学习什么，可能连他自己也不甚了然！

四是教学目标数量过多。下面是一位初中语文教师在《落日的幻觉》一课中的教学目标设计：

【知识与能力目标】

（1）正确认读、掌握生字"镶、髻、安适、着落、贮蓄、澄清"，会运用多音字"济、薄"。

（2）正确、流利、有感情地朗读课文，背诵课文第三段。

（3）理解课文内容。

（4）体会拟人、比喻等修辞方法在写景中的作用，品味优美的语言。

（5）学习作者抓住景物特征展开描写，情景交融的写法，学习景物描写的方法。

【过程与方法目标】

（1）通过自主学习、小组合作探究的学习方式，使学生在各种形式的反复朗读中理解课文内容，达到有感情地朗读课文。

（2）在有感情地朗读课文的基础上，多角度品味语言，赏析语言文字之美，赏析文章的艺术之美，多层次获得审美愉悦。

【情感态度价值观目标】

（1）培养学生热爱祖国河山的感情，培养学生的审美鉴赏能力。

（2）领会作者抓住景物的主要特征细致描绘，情景交融地表达对济南的热爱和赞美之情。

这个例子中的教学目标多达9个。如何在一节课的课堂教学中实现这么多教学目标？恐怕这样的教学目标也只能是个"摆设"！

教师的课堂教学目标设计能力如此，其对单元教学目标设计、学期教学目标设计、学年教学目标设计和学段教学目标设计的能力可想而知。

二、教学目标实践是贯穿整个教学过程的主线

人类社会活动的基本特征是活动的目的性。教育是人类社会的基本活动，具有鲜明的目的性。从教育活动的过程来看，表现为教育目的决定着教育内容的确定、教育方法的选择、教育资源的开发，贯穿教育活动的始终。教学是教育活动的具体表现形式，教育的目的性表现为教学中的教学目标实践。

教学目标实践具体表现为教学目标设计、实施与评价。教学目标设计是在教学活动前对教学预期结果的设计，是教学目标实施与评价的前提和基础，实践的主体是教师。教学目标实施是教学目标的时空展开，体现为过程性与操作性，实践的主体为教师与学生。教学目标评价主要测评教学目标的达成度，是对教学预期结果的评测，实践的主体是学生。教学目标设计、实施与评价构成完整的教学目标实践活动，是贯穿整个教学过程的主线。

教学手段、教学内容和教学组织都是教学的组成要素。除此之外，教学要素还包括教师、学生、教学目标、教学行为、教学策略、教学评价等。在这些基本要素中，教学目标是最核心的要素，教学目标实践贯穿教学过程的始终。

以课堂教学为例，课堂教学始于教学设计。无论哪一学科的教学设计，起始便是"教学目标"一栏，其后才是教学重点、难点和教学过程等。教学行为、教学策略、教学组织和教学评价等教学要素都要依教学目标而确定，依教学目标而设

计，这是教学目标的设计过程。上课铃声响了，教师拿着教学设计等教学用品走进教室，与学生开始一节课的学习。在上课的过程中，教师依据教学目标，综合运用一定的教学策略（多种教学方法）、教学组织方式（如小组合作）、教学手段（如多媒体）进行教学，这是教学目标的实施过程。下课前，教师一般会当堂检测教学目标的达成度，对本课学习效果进行检测（教学评价），这是对教学目标的评价过程。这样看来，教学目标是设计教学重难点和教学过程的前提，也是设计教学行为、教学策略、教学组织和教学评价等教学要素的基础。教学目标在诸教学要素中处于统领地位，是核心要素。其他诸要素都要围绕它有序、有效地组织起来。教学目标实践是贯穿教学全过程的主线。

对于一节课而言，师生要围绕课堂教学目标而展开教与学的活动。课堂教学目标实践贯穿课堂教学的全过程。同理，单元教学是师生围绕单元教学目标而展开的教与学的活动，单元教学目标实践贯穿单元教学的全过程。学期教学是师生围绕学期教学目标而展开的教与学的活动，学期教学目标实践贯穿学期教学的全过程。学年教学是师生围绕学年教学目标展开的教与学的活动，学年教学目标实践贯穿学年教学的全过程。学段教学是师生围绕学段教学目标而展开的教与学的活动，学段教学目标实践贯穿学段教学的全过程。总之，教学是师生围绕"教学目标"展开的教与学的活动，教学目标实践是贯穿全部教学过程的主线。

三、20 世纪以来中国教学目标实践

教学改革的历程，就是围绕某一教学要素实施改革的历程。如改班级授课为小组合作、探究教学，就是围绕教学组织这一要素进行的教学改革；从多媒体教学到电子白板教学，就是围绕教学手段这一要素展开的教学改革。

从教学要素的构成来看，主要包括教师、学生、教学目标、教学内容、教学组织、教学策略、教学手段、教学管理、教学评价等。在诸要素中，教学目标处于核心与统领地位。教学就是师生围绕"教学目标"展开的教与学的活动。这是因为，教学作为人类的独特性活动，是目的性极强的活动，是以"教学目标"为统领、诸要素有机结合而展开的活动。因此，系统地梳理教学目标研究与实践的历程，对于教学的理论发展与实践探索具有十分重要的价值！

（一）布卢姆教育目标分类学：启蒙

1956 年，B. S. 布卢姆等人主编出版了《教育目标分类学，教育目标分类手册 I：认知领域》。此书在出版后的 40 多年时间里，已被译成 20 多种文字出版，在全世界的教育教学领域产生了深远的影响。20 世纪 80 年代，布卢姆应邀到中国讲学，其研究成果遂被华东师范大学瞿葆奎先生组织翻译出版。布卢姆的教育目标分类体系为教学目标研究与实践提供了理论依据，对中国基础教育教学目标研究与实践具有启蒙意义。

首先，教学目标实践领域呈现了丰富而生动的场景：从小学到初中、高中，涵盖了中国基础教育各个学段；从语数外到政史地、物化生、音体美，包括中国基础教育的各个学科。在中国基础教育领域，教学目标实践具有广泛性，启蒙意义深远。

其次，教学目标研究主要是译介与模仿。在改革开放之初，对于国内教育教学研究而言，引进西方先进教育理论，主要还是翻译、介绍、借鉴与模仿。同时，中国的教育者也表现出了应有的严谨探究的勇气，批判性地研究教学目标，如上海市青浦县数学教改实验成果，就是在对布卢姆教育目标分类体系进行批判性研究的基础上，进而展开了析取教学目标主成分的大样本实验。❶ 然而，这样的研究可谓凤毛麟角。此外，教学目标研究存在哪些基本问题，如何以实践问题为前提和基础，在借鉴国外先进教育理论的基础上形成理论体系，这些尚未提上日程。

（二）安德森、崔允漷等中西方学者相关研究：演进

布卢姆有关研究激起了西方后来教育工作者对教育目标研究的极大兴趣，吸引着他们或是补充、完善布卢姆的原有框架，或是重新设计一种全新的分类框架。这其中较为著名的有

---

❶ 青浦县数学教改实验小组.析取教学目标主成分的大样本实验（一）[J].上海教育科研，1992（1）：29-33，28；青浦县数学教改实验小组.析取教学目标主成分的大样本实验（二）[J].上海教育科研，1992（1）：34-37，43；青浦县数学教改实验小组.析取教学目标主成分的大样本实验（三）[J].上海教育科研，1992（1）：25-30.

加涅、比格斯、威廉姆、斯塔尔以及布卢姆的学生安德森、马扎诺等人。20世纪末，布卢姆的学生L.W.安德森为了"将教育工作者的注意力聚焦于原《手册》的价值……将新知识和新思想补充到原分类框架中"❶，组织专家经过数年研究、多次研讨，修订了布卢姆教育目标分类学理论。在世纪之交出版了 *A Taxonomy for Learning, Teaching, and Assessing: A Revision of Bloom's Taxonomy of Educational Objectives*。说明了布卢姆研究成果在教学领域的影响地位，也说明了教学目标这一问题的基础价值。几乎与此同时，罗伯特·J.马扎诺出版了 *Designing a New Taxonomy of Educational Objectives*，数年后，又出版了修订版 *The New Taxonomy of Educational Objectives*。他致力于研究布卢姆教育目标分类学存在问题的同时，提出了一种全新的分析框架。西方学者的相关研究从不同视角、不同维度推进了教学目标的研究进展。

与国外众多学者研究形成鲜明对比的是，中国教育学者对教学目标的研究还有待深入。2004年，《人民教育》发表了系列文章，编者在《话题：寻回教学目标在教师心中的位置》中指出："教学目标几乎是每一个接受过师范教育的教师都非常熟悉的。因为它是备课的必经之路。在您无数次地翻教材、写教案时，它都是第一个被写下的。不过，也许正是在这无数次的重复当中，它慢慢地变成了一个不需要思考的'条件反射'，

---

❶　L.W.安德森.学习、教学和评估的分类学：布卢姆教育目标分类学修订版［M］.皮连生，主译.上海：华东师范大学出版社，2008：10.

成了可以跳过的摆设。"❶ 华东师范大学崔允漷教授发表了《教学目标——不该被遗忘的教学起点》一文，其中指出："课堂教学的目标是学校教育目的范畴的一个具体概念，它在教学过程中起的作用是不言自明的：它既是教学的出发点，也是归宿，或者说，它是教学的灵魂，支配着教学的全过程，并规定教与学的方向。"❷ 其他研究者发表的成果可谓寥寥，研究价值也十分有限。

四、21 世纪以来中国基础教学改革的基本成就与问题

（一）21 世纪以来中国基础教育教学改革的基本成就

进入 21 世纪，国内的教学改革日新月异，主要在以下三个方面取得了较大的成就：一是教学组织，二是教学内容，三是教学手段。

从教学组织来看，近代以来，教学组织的主要形式是班级授课制，体现为以班级为整体的教师讲授型教学。随着教学理念的普及，教学组织形式逐渐由单一的班级授课制改变为班级授课与分组教学相结合的方式，小组合作学习、自主探究，凸显学生主体地位。小组合作学习的教学组织方式得到普遍认同与广泛践行。

从教学内容来看，主要体现为教材的变化。由基础教育全

---

❶ 编者 . 话题：寻回教学目标在教师心中的位置［J］. 人民教育，2004（13）：6.
❷ 崔允漷 . 教学目标——不该被遗忘的教学起点［J］. 人民教育，2004（13）：17.

部使用人教版教材，到人教版、语文版、苏教版等诸多版本教材共存的局面（从 2017 年开始，"三科"教材逐步全部使用统编本）。教材版本不同，编写理念也略有差异，呈现方式也有所不同。同时，各种不同版本教材不断提升编写水平，不断更新内容。教师教学要适应教材的这些变化，他们大都经历了从困惑到清晰、从茫然到豁然、从焦虑到释然的过程。

从教学手段来看，主要表现为教学技术在教学中的广泛应用和持续升级。近 20 年来，教室里除了黑板和粉笔之外，逐渐增加了计算机、投影仪、屏幕、交互式电子白板等教学媒体，一次又一次的信息技术浪潮席卷而来，教学中信息技术的功能不断被强化。随着移动互联技术的发展，云计算、大数据、物联网以及社交网络等技术的日益成熟，单一的媒体教学存在逐渐转变为更加丰富的数字化、智能化的学习环境。在很多地区和学校，智慧教室已在构建之中，作为教学手段，信息技术必将在教学中扮演越来越重要的角色。

21 世纪以来的教学改革取得了积极的成效，提升了教学质量，但也产生了一些问题。教师要不断学习新的教学理念，适应教学组织方式的变化，探索小组合作学习在自己课堂教学中的适应性；教师要不断适应新教材，领会教材编写意图，把握教材编写体例，尝试适合的教学方法；教师刚刚能熟练运用多媒体进行教学，又要学习使用电子白板，信息技能要不断达到新要求。教师在教学改革中经常眼花缭乱、被动接受、疲于应对。那么，在教学体系中，什么是教学中最为核心的要素，是贯穿整个教学过程的主线呢？教师抓住它，就能以不变应万变，达到事半功倍的效果，从而做个教学的明白人呢？

（二）教学目标研究与实践问题：李代桃僵＆被边缘化

1. 课程目标顶替教学目标：李代桃僵

2001 年，教育部印发了《基础教育课程改革纲要》，其中明确了国家课程标准是教材编写、教学、评估和考试命题的依据，是国家管理和评价课程的基础，应体现国家对不同阶段的学生在知识与技能、过程与方法、情感态度与价值观等方面的基本要求。由此，学科课程标准基本以知识与技能、过程与方法、情感态度与价值观三个维度进行课程目标设计。这样，课程按"三维目标"设计的时代开始了。

同时，教学目标按照"三维目标"设计的时代也随之开启。教学领域的研究者也以"三维目标"为理论基础，探讨教学目标设计、实施与评价问题。在教学实践领域，以初中语文和数学学科为例，教学目标设计的一般形式如下。

语文学科《紫藤萝瀑布》一文教学目标设计：

1. 知识与能力：（1）有感情地诵读课文，了解作者写作背景，感知整体内容；（2）了解文章的象征意义；（3）品味文章优美的语句，掌握生动的词汇。

2. 过程与方法：（1）学习并运用观察、感受、联想、思考的学习方法；（2）学习比喻、拟人、对比等修辞手法的运用；（3）学会自主、合作、探究的学习方式。

3. 情感态度与价值观：（1）品析好词佳句，体会作者感情变化；（2）理解作者对生命的感悟，体会生命的顽强和美好，正确对待生活的坎坷，把握生活。

数学学科《平行四边形》一节教学目标设计：

1. 知识目标：经历探索平行四边形有关概念和性质的过程，使学生理解平行四边形的概念和性质；探索并掌握平行四边形的对边相等、对角相等的性质。

2. 能力目标：在进行探索的活动过程中发展学生的探究能力，提高学生运用数学知识解决问题的能力。

3. 情感目标：在探索讨论中养成与他人合作交流的习惯，增强克服困难的勇气和信心。

课程领域的"三维目标"作为教学目标设计实践中的标准范式，一是体现在中小学校日常教学实践中。在中小学校，教师的教案、导学案等的教学目标设计以"三维目标"为基本设计范式。二是体现在各类教学评比活动中。在各类教学评比中，按照"三维目标"设计教学是进行教学目标设计的基本要求和标准。这些教学的制度安排和要求进一步固化了"三维目标"作为教学目标设计的标准范式。

然而，教学目标属于实践论范畴。也就是说，教学目标本质上是实践性的，需要具体、可操作。教师看到教学目标，就能够按照其直接开展教学。而作为课程的"三维目标"，其为"课程"设计提供了一个思维框架，是"课程"设计的三个基本维度，属于认识论范畴，缺少可操作性。因此，长期以来，按"三维目标"设计的教学目标大多形同虚设，这也是导致教师叙写教学目标意愿不强、能力不足的重要因素。

2. 教学改革热潮中的教学目标：被边缘化

进入 21 世纪以来，中国基础教育教学改革逐渐成为全社会关注的热点和焦点，主要围绕三个方面展开：教学组织、教学内容和教学手段。教学组织从单一的班级授课制，转变为小组合作、探究，正在成为课堂教学的日常状态；教学内容作为师生互动的载体，逐渐被上升到国家事权的高度而得到重视，引领着教师不断适应教学改革的新趋势；教学手段从黑板到投影仪，从计算机到电子白板，不断实现着迭代升级。上述三个方面的改革是国家强盛、科技进步和人为中心在基础教育领域的必然反映，对中国基础教育教学的影响是当下的，更是长久的，具有深远的意义。

21 世纪以来，教学组织、教学内容和教学手段等领域形成了实践热潮和研究热点。但是，作为教学要素中处于核心与统领地位的教学目标却一直缺席：既未形成实践热潮，也未形成研究热点，悄无声息地站在教学研究与实践的边缘，扮演着无足轻重的角色。

五、教学目标实践价值重估的意义

20 世纪的教学目标实践虽具有启蒙意义，但未能对教学实践产生深入而持久的影响，未能涵养为教师的基本教学能力，因此需要对教学目标实践价值重估，其意义重大。

一是明确教学目标实践价值，提高教学认识。教学目标在教学要素中居于核心地位，这是不容置疑的，也是不可动摇的。教学改革不断深化，都是从不同角度、在不同程度上强化教学中的某一个要素的过程，如21世纪以来，就是围绕教学中教学组织方式、教学内容和教学手段三个要素进行的教学改革。但无论怎样改革，无论强调哪一个要素，教师都不应有"乱花渐欲迷人眼"之感，而应始终牢牢地把握住教学目标这个核心要素，将其他要素统整在教学目标这一要素之下实施教学。这样，就不会在一波又一波教学改革浪潮中失去判断力，失去方向感。

二是科学地进行教学目标实践，提升教学能力。教学目标实践能力是教师的基本教学能力。教学目标设计、实施与评价体现了教师对学科与教学知识的理解与把握，体现了学科知识的广度与深度，体现了日常教学中教师的基本教学能力。因此，科学地进行教学目标实践是提升教师教学能力的基本途径。在教学中，科学地进行教学目标实践，就是抓住了教学的"牛鼻子"，能够事半功倍地提升教师的教学能力。同时，以教学目标实践为统领，深入地理解和把握教学中诸要素，才能不断适应教学改革的需求，跟上教学改革的步伐。

三是实现有效教学，提高教学质量。何为有效教学？首先体现在科学地表述对学生学习的期望，即教学目标。如果一节课对教学目标"朦朦胧胧一团分不清"，如何保障教学有效呢？如果对教学目标不能正确表述，如何能保障教学科学呢？如果对教学目标的数量"不计其数"，如何能"一课一得""课课有得"呢？其次是师生围绕教学目标展开教与学的活动。师生围绕教学目标展开教与学，才能从根本上保障教学目标的达成，保障预期的学生学习成果。否则，只能是"脚踩西瓜皮——溜到哪里算哪里"。因此，科学地进行教学目标实践是学生取得优秀学习成果的前提与基础，是实现有效教学的保障。

第八章　教学目标：界定*

　　在上一章中，我们主要探讨了始于 20 世纪 80 年代教学目标实践的启蒙意义，进入 21 世纪以来教学目标实践被边缘化的问题，提出"教学是师生围绕教学目标展开的教与学的活动""教学目标实践是贯穿教学全过程的主线"的观点，指出教学目标实践在深化教师对教育教学的认识、提升教育教学能力和提高教育教学质量三个方面的意义。

　　"许多优秀教育家和优秀教师都十分强调教学工作的明确目的性，认为这是提高教学质量的一个重要保证。但是，我国教育学和教学论对教学目标的分析研究却很不深入。"❶ 这不仅表现在对教学目标实践价值的认识不够明确，也表现在对教学目标概念的界定有待深入探讨。

一、对教学目标概念已有研究的梳理

　　从已有的研究资料来看，教学目标的概念还没有引起学界

* 本章内容曾以《教学目标概念的再界定——基于教师教学实践的视角》为题发表于《辽宁教育》2018 年第 11 期，选入本书时有修改。

❶ 李秉德.教学论［M］.北京：人民教育出版社，2015：48.

189

的足够重视。在教学论的相关著述当中，或者不探讨教学目标的概念问题，甚至连教学目标的相关问题也不论及；或者不明确界定教学目标的概念，只是对其特征等作简要描述。对教学目标概念的相关论述，择其要者列举如下：

李秉德主要从教育目的与教学目标的关系出发，探讨教学目标。他认为："教育目的和培养目标是通过一系列具体的教学目标落实到教学活动中去的。我们也可以说教学目标就是进一步具体化了的教育目的和培养目标。教学目标又可以进一步划分为某一学科、某一阶段、某一节课的更为具体的目标。"❶

施良方、崔允漷认为："教学目标是预期的，在具体情景下学生行为变化的结果，是用'学生学会了什么'的说法来表示的。通常是策略性的，是可观察、可明确界说、可测量、可评价的，而且还有时间、情景等条件限制。"❷

王文科认为："教学目标系指由教育目的衍生而来，以可测量的和可观察的名词，陈述班级中每个学生可能展示的表现。"❸

就查阅的已有资料来看，明确定义教学目标且具代表性的是熊川武主编的《教学通论》一书，其中将教学目标定义为"师生预期的教学活动的具有可衡量性的结果"。❹

已有研究的共同之处主要有两点：一是在"教育目的"与

❶ 李秉德.教学论［M］.北京：人民教育出版社，2015：48.
❷ 施良方，崔允漷.教学理论：课堂教学的原理、策略与研究［M］.上海：华东师范大学出版社，2009：139.
❸ 王文科.课程与教学论［M］.台北：五南图书出版公司，1994：339.
❹ 熊川武.教学通论［M］.北京：人民教育出版社，2010：207.

"教学目标"的比较中认识和把握教学目标，强调教学目标是教育目的的下位概念，是教育目的的具体化。二是强调教学目标是可测量的、可观察的。可测量和可观察的途径是学生的行为表现。

已有研究为我们提供了深入思考的路径，也让我们看到深入研究的可能。一是如何界定教学目标。从已有的研究来看，对这一问题的回答尚难以使人满意。从以上列举的研究来看，教学目标界定尚有待厘清。二是教学目标是可测量的、可观察的。因此，它不是价值性概念，而应是实践性概念。教师可以依据教学目标概念进行教学目标实践。但已有的界定还不能为教师教学提供依据。

二、从教师教学实践的视角考察教学目标概念

厘定教学目标，需要将其放在教育教学整体系统中加以考察。因此，在把握教学目标与教育目的、培养目标、课程目标关系的基础上，可以更加明确教学目标概念。

教育目的、培养目标和课程目标主要是价值性概念。教育目的是国家依据社会发展和人的发展，对教育要达到的预期结果的总体设计，反映对教育在人的培养规格标准和社会倾向性等方面的要求。而培养目标是对各级各类学校的具体培养要求。它的确立既要依据教育目的，也要依据学校自身的性质和任务，是对培养对象的特定要求。接下来，课程目标的确立既要依据教育目的和培养目标，也要依据对学生的研究、对社会

的研究和对学科的研究。因此，教育目的、培养目标和课程目标主要是国家相关教育部门和专家在理论层面进行价值设计，主要回答"为谁培养人"和"培养什么人"的问题。

教学目标则属于实践性概念，体现为教师的日常教学活动。它不仅要落实教育目的、培养目标和课程目标中的价值取向，落实"为谁培养人"和"培养什么人"的问题，还要在实践中回答"怎么办"的问题。教师不仅是教学目标设计的主体，还是教学目标实施和评价的主体，即教师是教学目标实践的主体。

因此，教育目的、培养目标和课程目标概念主要从价值性层面来认识，而教学目标概念则应主要从实践性层面来考察。教学目标是课程目标的具体化，是教育目的、培养目标和课程目标从理念与价值向现实与实践的转化，也是达成的最后环节。因此，教育目的、培养目标和课程目标的实现与达成，最终都要以教学目标实践为最终指向和根本路径。

三、教学目标概念再界定

从教师教学实践的视角出发，结合属加种差定义法，考察教学目标概念的内涵，首先，需要回答的是教学目标是谁的目标。教学目标既是"教"的目标，也是"学"的目标。作为"教"的目标，主体是教师。作为"学"的目标，主体是学生。因此，教学目标既是教师"教"的目标，也是学生"学"的目标。这里需要强调的是，从学生的角度而言，教学目标即是学习目标，所谓"横看成岭侧成峰"，山是同一座山，只是角度不同而已。

其次，需要回答的是教师作为教的主体，总要教些"什么"，学生作为学的主体，总要学些"什么"，即"教学内容"。从分科课程来看，教学内容一般表现为教材。国家课程表现为国家规定可以使用的教材，地方课程表现为地方规定可以使用的突出地方特色的教材，校本课程表现为学校依据自身优势编制的教材。

再次，需要回答的是教和学的"程度"。也就是说，对所教内容，教师要教到什么程度；对所学内容，学生要学到什么程度。这就是教与学所要达到的标准。教学所要达到的标准在各学科课程标准中都有较为明确的规定。教师明确课程标准中对学生学习内容所要达到的程度，才能保证教学质量。

最后，需要回答的是教学目标的达成。教学目标的达成就是将师生的主观预期转化为学生的知识与能力的过程，就是学生运用已知，将未知转化为已知的过程。从师生的主观预期转化为学生知识与能力这一客观结果，从未知到已知，是矛盾运动的过程。因此，教学目标的达成过程是矛盾运动的过程。

综合以上分析，研究认为，教学目标是师生预期的学生学习水平与学业标准之间矛盾运动的结果。

从教师教学实践的视角考察教学目标概念的外延，教学目标包括课堂教学目标、单元教学目标、学期教学目标和学段教学目标。课堂教学目标是师生围绕课堂教学，依据单元教学目标，进行设计、实施和评价的教学目标。单元教学目标是师生围绕单元教学，依据学期教学目标，进行设计、实施和评价的教学目标。学期教学目标是师生围绕学期教学，依据学段教学目标，进行设计、实施和评价的教学目标。学段教学目标即课程目标。

四、教学目标概念的实践性

教学目标作为实践性概念，表达的是从"学生"的学习水平出发，"学生"的学习结果。因此，教学目标表述的主语是学生，而不是教师。作为实践性概念，表达的是"学业""标准"，其中包含两个含义：一是教与学的内容，二是教与学达到的程度。因此，教学目标表述的宾语可以是师生教与学的内容，教学目标表述的谓语可以是师生教与学达到的程度。作为实践性概念，表达的是"矛盾运动"。因此，教学目标表述的状语可以是师生在教与学的矛盾运动过程中采用的方法。综上，教学目标概念可转化为具有操作性的教学目标设计基本范式：

$$O=S+V+W+H$$

其中，O（objective）代表教学目标，S（student）代表学生，V（verb）代表程度动词，W（what）代表教学内容，H（how）代表教学方法。

教学目标实践包含教学目标设计、实施和测评，是贯穿整个教学过程的主线。教学目标设计是教学目标实践的前提和基础。教学目标设计的基本范式可以有效指导教学目标实践，确保教学目标实践的规范性和科学性。限于篇幅，下面主要结合初中语文、数学两个学科，试举例说明。

以《紫藤萝瀑布》为例，列举语文学科两种常见的教学目标设计方式。

常见的教学目标设计方式一：

（1）培养学生遣词造句能力，帮助学生进行有效的语句积累。

（2）培养学生仔细观察事物的能力。

（3）培养学生面对挫折时有一种积极乐观的人生态度。

常见的教学目标设计方式二：

1. 知识与能力：（1）有感情地诵读课文，了解作者写作背景，感知整体内容；（2）了解文章的象征意义；（3）品味文章优美的语句，掌握生动的词汇。

2. 过程与方法：（1）学习并运用观察、感受、联想、思考的学习方法；（2）学习比喻、拟人、对比等修辞手法的运用；（3）学会自主、合作、探究的学习方式。

3. 情感态度与价值观：（1）品析好词佳句，体会作者感情变化；（2）理解作者对生命的感悟，体会生命的顽强和美好，正确对待生活的坎坷，把握生活。

对《紫藤萝瀑布》教学目标设计，我们采用 O=S+V+W+H

教学目标设计的基本范式，设计如下：

（1）通过闪读法，能够读准浸、迸、凑等12个字的字音，能够准确说出忍俊不禁、凝望、伶仃等7个词语的意思。

（2）通过小组讨论，分析描写紫藤萝瀑布的视觉、嗅觉和听觉等不同角度。

（3）诵读第7~11段，并品味重点语句，体会作者对人生深沉的感受和积极的人生态度。

以《平行四边形》为例，列举数学学科两种常见的教学目标设计方式。

常见的教学目标设计方式一：

（1）理解平行四边形的概念。

（2）探索并掌握平行四边形对边相等、对角相等的性质。

（3）初步体会几何研究的一般思路与方法。

常见的教学目标设计方式二：

（1）知识目标：经历探索平行四边形有关概念和性质的过程，使学生理解平行四边形的概念和性质；探索并掌握平行四边形的对边相等、对角相等的性质。

（2）能力目标：在进行探索的活动过程中发展学生的探究能力，提高学生运用数学知识解决问题的能力。

（3）情感目标：在探索讨论中养成与他人合作交流的习惯，增强克服困难的勇气和信心。

对《平行四边形》教学目标设计，我们采用 O=S+V+W+H 教学目标设计的基本范式，设计如下 ❶：

（1）观察生活中常见的平行四边形实物，理解平行四边形的概念。

（2）通过自主探究、小组合作，掌握平行四边形的性质。

（3）通过研究平行四边形的性质，体会转化的数学方法。

上面分别列举了初中语文、数学学科各自两种常见的教学目标设计方式。第一种是多年来最为常见的教学目标设计方式，第二种是课程标准按照三维目标的设计框架实施以来，教师加以借鉴，经常采用的教学目标设计方式。

第一种最为常见的教学目标设计方式的主要问题在于：教学目标表述的主语往往是教师，缺乏规范性；对教与学的内容、教与学需要达到的程度、教与学的方法表述模糊，相对笼统。而课堂教学是教学的最小组成单位，需要明确、具体、简洁。在采用 O=S+V+W+H 教学目标设计的基本范式进行设计以后，教学目标能够做到规范、具体、简洁。

第二种借鉴课程标准中三维目标进行教学目标设计的主要问题在于：课程标准中的三维目标是课程目标，课程目标是价

---

❶ 此处教学目标的设计是在辽宁省实验学校山丽娜老师的指导下完成的。

值性概念，需要在认识论范畴内展开探讨。而教学目标是实践性概念，需要具有可操作性。因此，按照课程标准中的三维目标可以进行教学目标设计，但不具有操作性，大多成了"摆设型"的教学目标。采用 O=S+V+W+H 教学目标设计的基本范式进行设计以后，教学目标设计不但体现了课程标准中的知识与能力、过程与方法、情感态度价值观三维目标，还具有可操作性。因此，教学目标设计范式有效地突破了借鉴课程标准"三维目标"设计的局限性，保证了教学目标的有效实施。

五、教学目标概念再界定的价值

一是再界定的理论价值。概念是理论研究的逻辑起点。从概念出发，进行归纳和演绎是理论研究的基本方法。从已有研究来看，教学目标的概念界定尚难以令人满意，成为深入研究教学目标的障碍。只有科学地界定教学目标概念，才能为深入研究提供可能。

在已有研究基础上，明确提出：教学目标是师生预期的学生学习水平与学业标准之间矛盾运动的结果，厘清了教学目标概念的内涵和外延。教学目标概念的界定成为教学目标研究的逻辑起点，有助于将教学目标研究推向深入。

二是再界定的实践价值。理论是在实践基础上的抽象与概括，是上升到一般与普遍的意义上进行逻辑思维。而这种普遍与一般的理论必须转变为具体而生动的实践。这既是理论价值所在，也是实践活动所需。如果理论不能转变为丰富而生动的实践，这种理论研究就是水中月、镜中花，就是虚假的理论。

从教学目标的概念出发，提出教学目标实践的基本范式，将教学目标理论研究转化为教学目标实践探索，这是理论研究与实践活动的贯通，也是价值所在，有助于推动教育教学改革。

三是实现教学目标与教育目的、培养目标、课程目标的一致性。教育目的、培养目标、课程目标和教学目标相比较，教育目的、培养目标和课程目标属于价值性概念，而教学目标是实践性概念。教育目的、培养目标和课程目标需要通过教学目标达成，在每个学年的教学目标、每个学期的教学目标、每个单元（章）的教学目标、每节课的教学目标中达成。同时，教学目标也要以课程目标、培养目标和教育目的为根本出发点，依据其设计好学年教学目标、学期教学目标、单元教学目标和课堂教学目标。因此，价值性需要通过实践性体现，实践性以价值性为根据，价值性与实践性相辅相成，相得益彰。

如果教育目的、培养目标和课程目标不能有效地转化为教学目标，不能通过教学目标实践贯彻教学的始终，那么教育目的、培养目标和课程目标就难以得到有效落实。因此，教学目标实践既是教育目的、培养目标和课程目标的达成，又是将理念和价值转化为现实的根本路径。

第九章　教学目标：设计[*]

教学目标设计主要包括课堂教学目标设计、单元教学目标设计等。这里，首先从课堂教学目标设计的探讨开始。

一、课堂教学目标设计

课堂教学是组成教学的基本单位，也是最小单位。课堂教学实施首先需要有课堂教学设计，即俗称的教案（学案）。课堂教学设计的开始便是课堂教学目标设计，接下来的教学重点、教学难点、教学过程都要依照教学目标确定和展开。这样看来，课堂教学目标设计是课堂教学设计的前提和基础。课堂教学目标设计也是课堂教学实施的前提和基础。课堂教学设计是教学实施的蓝图，由课堂教学目标统揽。因此，一节课要想有实效、盼高效，就需要从课堂教学目标设计开始。有效教学、高效课堂应首先从科学、规范地设计课堂教学目标开始。因此，课堂教学目标设计的重要性就不言而喻了！

---

* 本章内容曾以《关于单元教学目标设计的探讨》为题发表于《辽宁教育》2019年第 6 期，选入本书时有修改。

然而，在日常教学实践中，课堂教学目标设计不被重视、不规范和不科学的问题在不同区域、不同学校、不同学科、不同教师身上而不同程度地存在。说它在不同区域而不同程度地存在，是因为对于教育发展水平高的区域，问题存在的程度相对较小，而在教育欠发展区域，问题存在的程度相对较大。说它在不同学校而不同程度地存在，是因为在优质学校中，问题存在的程度相对较小，而在薄弱学校中，问题存在的程度相对较大。说它在不同学科中不同程度地存在，是因为数理化等学科知识的逻辑性相对较强，课堂教学目标设计相对规范与科学，而语文、英语等人文学科知识的逻辑性相对较弱，课堂教学目标设计的规范性与科学性也相对较弱。说它在不同教师身上而不同程度地存在，是因为对于优秀教师而言，问题存在的程度相对较小，而对于一般教师而言，问题存在的程度相对较大。但是，从总体上而言，这一问题具有一定的普遍性，只是在问题的程度上存在差异而已。

（一）课堂教学目标设计依据

将教学目标放在整个教育系统中考察，教育目的、培养目标、课程目标主要是价值性概念，而教学目标则是实践性概念。教育目的、培养目标和课程目标作为价值性概念，主要回答"为谁培养人"和"培养什么人"的问题。教学目标作为实践性概念，则依据教育目的、培养目标和课程目标，主要回答"怎么培养人"的问题，需要在日常教学实践中生成，需要具有操作性。

上一章中，在对教学目标概念已有研究梳理的基础上，结合属加种差定义法，从教师教学实践的视角重新界定了教学目标概念：教学目标是师生预期的学生学习水平与学业标准之间矛盾运动的结果。

根据界定的教学目标概念，从教与学的主体、内容、方法和达成四个方面出发，将其转化为具有操作性的教学目标设计基本范式：

$$O=S+V+W+H$$

其中，O（objective）代表教学目标，S（student）代表学生，V（verb）代表程度动词，W（what）代表教学内容，H（how）代表教学方法。

从教学目标概念的外延来看，教学目标包括课堂教学目标、单元教学目标、学期教学目标和学段教学目标。这里依据教学目标设计基本范式，主要探讨课堂教学目标设计的规范与科学的问题。

（二）课堂教学目标设计举隅

根据教学目标设计的基本范式 $O=S+V+W+H$，限于篇幅，这里主要以初中语文和数学为例，结合教师设计的课堂教学目标，进行适当修改，逐步达到规范和科学。

需要说明的是，下面所列举的课堂教学目标设计案例，有的是从参加省级和国家级优秀课评比的课堂教学设计中选取的，有的是在省级和国家级教育刊物上发表的研究文章中选取的。而且，根据初步统计的结果，无论从教学实践来看，还是从教育研究来看，课堂教学目标设计问题具有一定的普遍性，是特别值得深入探讨的问题。扩而言之，教学目标实践，包括课堂教学目标、单元（章）教学目标、学期教学目标和学段教学目标，包括教学目标设计、实施与测评，相关研究不仅十分必要，而且十分迫切。

以初中语文学科为例，有教师将《紫藤萝瀑布》一课教学目标设计如下：

（1）培养学生遣词造句能力，帮助学生进行有效的语句积累。

（2）培养学生仔细观察事物的能力。

（3）培养学生面对挫折时有一种积极乐观的人生态度。

根据教学目标设计基本范式，分四步对其进行修改。第一步，将原课堂教学目标设计的主语修改为"学生"。教学目标表达的是学生的学习结果。因此，教学目标表述的主语是"学生"，而不是"教师"。因此，"培养学生……""使学生……""让学生……""帮助学生……""激发学生……"等表述都是不规范的。需要说明的是，"学生"作为主语可以省略。因此将其修改如下：

（1）（学生）积累有效的语句，学习遣词造句。

（2）（学生）学会仔细观察事物。

（3）（学生）学习面对挫折时积极乐观的人生态度。

第二步，借鉴布卢姆教育目标分类学框架体系，按照识记、理解、运用、分析、评价和创造的认知过程，明确学生学习《紫藤萝瀑布》一文需要达到的程度，将原课堂教学目标设计的动词修改如下：

（1）积累有效的语句，运用本课词语遣词造句。

（2）分析描写紫藤萝瀑布的不同角度。

（3）体会作者面对挫折时积极乐观的人生态度。

第三步，修改原课堂教学目标设计中的宾语，按照《紫藤萝瀑布》一文的教学内容，将其具体化如下：

（1）能够正确拼读浸、迸、凑等12个字的字音，能够准确说出忍俊不禁、凝望、伶仃等7个词语的意思。

（2）分析描写紫藤萝瀑布的视觉、嗅觉和听觉等不同角度。

（3）体会作者对人生深沉的感受和积极的人生态度。

第四步，在原课堂教学目标设计中，结合课文教学内容，明确教学方法，具体如下：

（1）通过闪读法，能够读准浸、迸、凑等12个字的字音，能够准确说出忍俊不禁、凝望、伶仃等7个词语的意思。

（2）通过小组讨论，分析描写紫藤萝瀑布的视觉、嗅觉和听觉等不同角度。

（3）诵读第7~11段，并品味重点语句，体会作者对人生深沉的感受和积极的人生态度。

以初中数学学科为例，有教师将初中数学《平行四边形》课堂教学目标设计如下：

（1）理解平行四边形的概念。

（2）探索并掌握平行四边形对边相等、对角相等的性质。

（3）初步体会几何研究的一般思路与方法。

根据教学目标设计的基本范式 O=S+V+W+H，该教师《平行四边形》一课教学目标设计的主要问题有两个：一是表现在教学内容方面。教学内容方面的问题是表述笼统，如"（3）初步体会几何研究的一般思路和方法"。在《平行四边形》一课中究竟需要学生体会什么思路和方法，需要具体。否则，就成了放在任何数学课堂教学目标中都可以的"万能"目标了。

二是表现在教学方法方面。在所列的3个课堂教学目标中，没有明确的教学方法。教学改革不仅是在课堂教学中强调学生的主体地位，强调先学后教，多学少教，以学定教，更要强调怎么学，怎么教学生学。因此，在课堂教学目标中，不明确教学方法是不合适的。综合以上两个方面的分析，主要从教学内容和教学方法两个方面对其进行修改，具体如下：

（1）观察生活中常见的平行四边形实物，理解平行四边形的概念。

（2）通过自主探究、小组合作，掌握平行四边形的性质。

（3）通过研究平行四边形的性质，体会转化的数学方法。

（三）课堂教学目标设计余论

在课堂教学目标设计中，还有一些问题需要注意。比如，课堂教学目标设计的笼统与具体、繁与简、多与少和适切性等问题。这些问题都是教师在日常教学实践中易于出现的问题，又是易于忽略的问题。然而，这些问题深切地关系到课堂教学目标实践质量，也就是说，关系到课堂教学目标设计的质量，更关系到课堂教学实施与评价的质量。

一是课堂教学目标设计笼统与具体的问题。这是在课堂教学目标设计中最为突出，也是最为常见的问题。因此，这一问题值得深入探讨。

下面是一位初中语文教师在《走一步，再走一步》一课中的教学目标设计：

（1）积累字词。

（2）了解本文主旨。

这个课堂教学目标设计是十分笼统的。用在这节课上可以，用在下一节课上可以，用在下个月的课上也可以，用在下个学期的课上还可以。总之一句话，用在任何语文课堂教学上都可以！因此，这样的课堂教学目标设计是笼统的，不够明确具体，也是十分不可取的。课堂教学是教学的基本单位，也是最小单位。因此，需要教师将每节课的教学目标设计得十分具体，充分体现"本节课"的学习内容。只有每节课具体了，每周才能具体，每学期才能具体，学段教学才能具体，否则就成了一本糊涂账，教师教得糊涂，学生学得也糊涂，教学就易于陷入师生都糊里糊涂的泥潭。

课堂教学目标设计要做到具体，依据教学目标设计基本范式 O=S+V+W+H，可以从三个方面进行考虑。一是教学内容，本节课需要学习多少字词，都是哪些字词，需要体会什么主旨，需要掌握哪些定义、定理和公式，教师应胸有成竹。二是教学方法。对于每一项教学内容，教师用什么方法教，学生用什么方法学，教师应胸有成竹。三是教与学达到的程度。对于每一项教学内容，学生需要识记、理解，还是运用，教师应胸有成竹。

二是课堂教学目标设计繁与简的问题。课堂教学目标表述一般应为一句话，表达一个意思，不应在一个课堂教学目标中表达多个意思。有些课堂教学目标设计繁杂，义项太多。如下例。

有研究者在《杠杆》（物理）一课中设计的课堂教学目

标 ❶ 如下：

（1）通过画杠杆示意图和力臂，训练学生的作图、识图能力，并通过实验培养学生的实验能力和归纳概括的能力。

（2）通过杠杆图示，使学生受到美的教育，体会到自然事物是有规律的，激发学生对科学的热爱以及利用自然、改造自然的情感。

我们不拷问其表述是否规范的问题，单纯地从课堂教学目标表述繁与简的问题进行探讨。以第二个教学目标为例，通过杠杆图示，学生一要"受到美的教育"，二要"体会到自然事物是有规律的"，三要"对科学热爱"，四要产生"利用自然、改造自然的情感"。这个目标到底要达成什么？通过"一节课"的学习，通过杠杆图示，是否可以达成这么丰富的目标？基于上述分析，在所设计的第二个教学目标中，通过杠杆图示，能实现四个设想中的一个，就已经足够啦！

三是课堂教学目标设计多与少的问题。从数量上考察，一节课的教学目标设计多少为好呢？有的教师一节课设计五六个教学目标，或者更多——八九个教学目标。设计如此多的教学目标是否合适呢？其实，如果一节课设计八九个教学目标，一个教学目标完成的时间只有几分钟，只能"水过地皮湿"，是难以"有效"完成的。一节课想什么都实现，想法固然好，但

---

❶　阳利平.厘清教学目标设计的三个基本问题［J］.课程·教材·教法，2014（5）：86-91.

事实是可能什么都实现不了。

根据相关研究成果，一节课的教学目标应以不超过3个（含3个）为宜。因为一节课的时间一般为40分钟左右，师生围绕每个教学目标，进行自主、合作和探究性的教与学，一般需要10分钟左右的时间。只有这样，师生才能围绕一个课堂教学目标进行深入研讨与交流，才能将一个课堂教学目标落到实处，取得教学实效。学生才能有所得，日复一日地积累，才能积跬步而致千里，聚小流以成江海。

四是课堂教学目标设计的梯度性问题。课堂教学目标设计的梯度性问题，说到底是课堂教学目标与学生学习水平的适切性问题。一节课设计的有限的教学目标，应呈现由易到难的安排顺序，在课堂教学的展开中逐步生成。教师应该明确相对容易的课堂教学目标适合哪些学生，中等难度的课堂教学目标适合哪些学生，难度较大的课堂教学目标适合哪些学生。这样，在一节课的学习中，学困生、中等生和学优生都有表达的机会，都有成长的可能。

针对学习水平不同的学生，安排难度不同的教学目标，得到相同的学习机会，这是教学公平的表现。教师在不同的学生完成不同的课堂教学目标的过程中，都应给予恰当的评价，都应受到同等程度的鼓励与肯定，这也是教学公平的表现。因为教学公平就是每一个学生从自己的学习起点出发，向自己可以取得的学习成就前进，能够得到恰如其分的鼓励。因此，课堂教学目标设计的梯度性问题不仅关系到教学水平，还关系到教学公平。

二、单元❶教学目标设计

与课堂教学目标既紧密相关，又有所不同，单元教学目标有其自身的功能与特点。

（一）单元教学目标的功能

对单元整体教学而言，单元教学目标是单元整体教学的逻辑起点和实践基础。目标才是单元整体教学的首要问题，这也是"整体"的内涵，"整体"是一种思维方式，意味着教师在教学活动中必须从教学目标出发，统揽全局。❷从根本上而言，这是由教学目标的功能决定的。教学是师生围绕"教学目标"展开的教与学的活动。教学目标内蕴着对教师、学生、教学内容、教学方法等其他教学要素的把握与体现，客观上引导着教师与学生的教学方向、教学过程，规定着教学重点和难点，激励着教师与学生有序、高效地展开教学活动，提供了教学评价的基本依据。"教学目标之所以重要，是因为教师只有理解了教学目标，才能够很好地安排或设计教学工作的各个环节；学生只有理解了教学目标，才能够集中自己的时间和精力，不断地改进自己的学习，获得最大可能的发展。所以，不理解教学目标，整个教学获得就会失去根本的方向。也正是由于认识到

---

❶ 一般而言，语文、英语等学科称为"单元"，而数学、物理等学科称为"章"。为行文方便，这里统称为单元。

❷ 刘徽.""大概念"视角下的单元整体教学构型——兼论素养导向的课堂变革[J].教育研究，2020（6）：64-77.

了教学目标在整个教学活动中的地位和作用，苏联教学论专家巴班斯基才把'明确教学目标'作为实现其'最优化教学'的首要条件。"❶单元整体教学是教学的基本形式之一，其构成要素内在地一致于教学要素。因此，单元整体教学的逻辑起点与实践基础是单元教学目标。单元教学目标明确，单元整体教学实施就有了方向，单元整体教学的重点和难点就得以确立，单元整体教学评价就有了根据，单元与单元之间的内在关联就线索清晰，单元内文本的地位、功能与价值就十分具体。

单元教学目标设计应根据教学目标的教学功能与价值，综合单元教学要素与资源，有序展开。其主要路径有三：一是依据课程标准。课程标准具有较高的抽象性和概括性，反映了学生在一个阶段学习之后所应达到的总体水平，是单元教学目标累积起来所应达成的结果。因此，依据课程标准开展单元教学目标设计，需要将课程标准中的课程要求具化为可操作的单元教学目标，实现从课程标准到教学目标的转化。在 2017 年版 2020 年修订的普通高中 20 个学科课程标准中，学科核心素养已作为基本理念融入其中。"语文学科核心素养是学生在积极的语言实践活动中积累与构建起来，并在真实的语言运用情境中表现出来的语言能力及其品质；是学生在语文学习中获得的综合体现。主要包括'语言建构与运用''思维发展与提升''审美鉴赏与创造语言知识与语言能力，思维方法与思维品

---

❶ 石中英.教育哲学导论［M］.北京：北京师范大学出版社，2004：205.

质，情感、态度与价值观的''文化传承与理解'四个方面。"❶
正在修订的义务教育各学科课程标准，借鉴已颁布的普通高中
各学科课程标准的相关成果，也已将学科核心素养作为基本理
念，内化其中。❷ 因此，依据课程标准，统编初中语文教材开
展单元教学目标设计，面临的问题是：如何基于语文学科核心
素养设计单元教学目标？二是遵循教材。教材是师生教与学的
内容基础，按照教材的知识结构体系，确定单元教学目标，实
现从课程内容到教学内容的转化。从统编初中语文教材的编写
理念与编写体系来看，开展单元教学目标设计具有天然的优越
性。统编初中语文教材在编写理念上体现为"双线组元"与
"三位一体"。双线组元即采用"人文主题"与"语文要素"双
线组织单元的结构。"三位一体"即从"教读课文"到"自读
课文"再到"课外阅读"。"双线组元"与"三位一体"既是
统编初中语文教材的基本理念，也是其"突出特点与创新之
处"。❸ 统编初中语文教材的编写体系具体表达着编写理念，主
要由阅读、写作、综合性学习、口语实践、名著导读，以及助
学系统、古诗词诵读等内容组成。统编初中语文教材的编写理
念与编写体系集中体现了整体性思维。单元作为基本教学单
位，每个单元围绕一个人文主题，实现了单元内教学内容结构

---

❶ 中华人民共和国教育部.普通高中语文课程标准（2017 年版 2020 年修订）
　　［M］.北京：人民教育出版社，2020.

❷ 余慧娟.突出重点　打造新时代新课标——访教育部党组成员、副部长郑富芝
　　［J］.人民教育，2020（18）：6-8.

❸ 人民教育出版社，课程教材研究所，中学语文课程教材研究开发中心.义务教
　　育教科书教师教学用书·语文（七年级上册）［M］.北京：人民教育出版社，
　　2017.

化，具有整体性，为克服碎片化教学提供了保障；单元与单元之间具有内在关联，教学序列化特征鲜明。统编初中语文教材为开展单元整体教学，从"单元"整体的角度设计单元教学目标打下了内容基础。三是基于学情。学情就是学生已有的学习水平，主要包括认知水平、情感水平和行为水平等方面，是学生学习新知的前提和基础。用好统编语文教材，基于学情开展单元整体教学，需要明确学生对单元语文要素的认知水平，对单元人文主题的情感基础。这样以学生语文学习水平为起点，设计单元教学目标，实现从无效、低效教学向有效教学的转化。

单元前测属于诊断性评价，目的在于根据初步确定的单元教学目标，了解学生的学习基础。学生的学习基础主要包括知识基础与素养基础。知识基础主要体现在对即将开展的单元学习的知识准备情况，尤其是学生已有知识结构对于即将学习的新知识结构的建构价值。素养基础体现在对即将开展的单元学习的学习方法与学习思维等的准备情况，包括学习方法与学习思维的迁移能力等。在开展单元前测的过程中，了解了学生的知识基础与素养基础，进而发现学生的学习问题，查明单元教学的重点和难点，从而调整和重新确定单元教学目标、实现有效教学。❶

与课堂教学设计中的学情分析相比，单元前测基于实证，更具针对性和实效性。课堂教学设计中的学情分析与单元前测一样，都是为了更好地了解和掌握学生的学习基础。然而，二

❶　熊川武.教学通论［M］.北京：人民教育出版社，2010：428.

者相比，却迥然不同。首先，课堂教学设计中的学情分析一般是假设性的。教师的课堂教学设计中往往设有"学情分析"一栏。教师常常根据自己对学情的了解，填写学情分析，进而开展课堂教学。这种学情分析，一方面主要根据教师的已有经验判断，具有事前假设的性质；另一方面从语文学科性质等来看，对一节课开展学情分析，往往只能是"形式主义"的，难以有的放矢。单元前测是实证性的，通过调查、作业分析和测验等，进行数据统计与分析，结果更加直接、可衡量。其次，课堂教学设计的学情分析的教学容量相对有限。这是由课堂教学的教学容量的有限性决定的。而单元教学内容决定了单元前测的容量相对较大。学生言语知识的建构以及核心素养的发展是需要一个累积的过程的。单元前测面对的正是学生的言语知识建构与核心素养发展的累积过程，对学情分析更具有现实性和针对性。最后，课堂教学设计中的学情分析往往难以对教学开展产生实质性的影响。与此不同，单元前测对教学开展可以产生实质性的影响。根据单元前测的结果与分析，可以重新确定单元教学目标，调整教学实施过程，厘定教学评价内容。

（二）单元教学目标设计方法

单元教学目标设计可结合教材和教师教学用书等资料进行具体设计。下面以语文和数学两个学科为例，进行单元教学目标设计。

1.语文学科单元教学目标设计示例

结合教学目标设计基本范式：O=S+V+W+H，语文学科单元教学目标设计应重在明确教学内容，即"W"；明确教学需要达到的程度，即"V"。统编语文教材的"单元提示"和教师教学用书中的"单元说明"等是设计单元教学内容和教学程度的主要参考。下面结合统编语文教材七年级上册第四单元为例具体说明。

统编语文教材七年级上册第四单元的"单元提示"如下：

拥有美好而充实的人生，是我们共同的心愿。本单元课文，从不同方面诠释了人生的意义和价值，有对人物美好品行的礼赞，有对人生经验的总结和思考，还有关于修身养德的谆谆教诲。令我们感动的，是其中彰显的理想光辉和人格力量。

本单元继续学习默读。在课本上勾画出关键语句，并在你喜欢的或有疑惑的地方做标注。在整体把握文意的基础上，学会通过划分段落层次、抓关键语句等方法，理清作者思路。❶

《义务教育教科书教师教学用书·语文》七年级上册第四单元《单元说明》的"教学指导"如下：

本单元的课文包含多种体裁。《纪念白求恩》是一篇纪念性文章，《植树的牧羊人》和《走一步，再走一步》是故事，

---

❶ 教育部组织编写.义务教育教科书·语文（七年级上册）[M].北京：人民教育出版社，2017：69.

《诚子书》是一封书信正文的节录。相关文体的知识，将在八九年级集中学习，本单元可不做要求。❶

从教学内容来考察：一是人文主题。教学中要体会作品中蕴含的人格力量，对人生的深刻思考。二是语文要素。教师需要从字词、作家作品、默读方法、勾画关键语句和理清作者思路上把握。首先，关于默读方法，本学期需要重点学习默读的方法。第三单元开始学习默读的方法。第四单元和第五单元还要继续学习默读。因此，第四单元的默读教学需要从学习目标转变为学习方法。也就是说，第三单元中，默读是学习目标，重在学法，而在第四单元要运用默读方法，变为学习方法。因此，结合第四单元理清作者思路的教学重点，默读转变为帮助理清作者思路的学习方法。其次，第三单元学习了"词语的感情色彩"，这是课程标准中明确规定需要学生掌握的。因此，第四单元将结合文本继续深入品味不同感情色彩的词语在文中的作用，力求学生逐步掌握与学会运用。最后，理清作者思路作为本单元学习的重点，在阅读教学中，教师可在《纪念白求恩》中让学生"学得"理清作者思路的方法，而在《植树的牧羊人》《走一步，再走一步》两文中让学生通过自学、讨论，"习得"理清作者思路的方法，而在学生课外阅读中"应用"理清作者思路的方法。在写作教学中，将阅读教学中学到的理

---

❶ 人民教育出版社，课程教材研究所，中学语文课程教材研究开发中心．义务教育教科书教师教学用书·语文（七年级上册）［M］．北京：人民教育出版社，2017：178.

清思路的方法在写作教学中尝试运用。

　　教学需要达到的程度，主要借鉴布卢姆教育目标分类学体系，根据义务教育语文课程标准中的具体规定，明确第四单元教学需要达到的程度。根据以上分析，统编语文七年级上册第四单元教学目标设计如下：

【阅读】

（1）运用工具书，结合"读读写写"和书下注释，识记、运用部分现代汉语词汇和文言词汇。

（2）结合书下注释，了解作家及其作品。

（3）结合单元中的补白，辨析反义词、同义词和形容词。

（4）继续深入体会不同感情色彩的词语在文中的作用。

（5）通过默读，勾画关键语句，理清作者思路。

（6）体会作品中蕴含的人格力量，对人生的深刻思考。

【写作】

通过列提纲，理清写作思路。

【综合性学习】

（1）通过阅读柱形图表，对问卷进行统计分析，发现阅读问题。

（2）通过研讨，思考阅读中的问题，提出解决策略。

（3）运用课堂上的学习方法，阅读有关人格力量和人生思考方面的书籍。

2.数学学科章教学目标设计示例

结合教学目标设计基本范式：O=S+V+W+H，章教学目标设计首先需要思考的是"S"，即学生。对于数学教学，学生在学校中学习新内容前，往往已通过自学或参加校外辅导等提前明确了学习内容。这是当前学校教学不可回避，更不可忽略的重要事实。因此，章教学目标的设计更具针对性和有效性的前提是以学生已有学习水平为基础。这样，对学生实施章教学内容前测，以便了解学生的学习水平，可能是较为恰当的选择。通过章教学内容前测，可以明确章教学目标设计内容及其重点和难点。这样，才能有的放矢，明确班里的学生有哪些是面对全新的学习内容，有哪些已初步掌握新的学习内容，有哪些需要巩固提高。这样，一个班级的学生学习水平就已经初步明确了，教师教学也就有了明确的针对性和方向性。

根据以上分析，在章教学目标设计上还要考虑两个基本问题：一个是教学内容，即"W"；另一个是达到的程度，即"V"。这两个问题主要参照义务教育数学课程标准和义务教育教科书教师教学用书，根据教材中各章前后的教学内容进行解决。而教学方法在章教学设计中可不做重点考虑，而是在课堂教学目标设计中再具体考虑。结合北师大版数学教材，以及八年级下册第六章《平行四边形》和九年级上册第二章《一元二次方程》两章教学内容，将《特殊平行四边形》一章教学目标设计如下：

（1）通过动手操作、讨论交流等，积累有关特殊平行四边形的活动经验。

（2）通过探究平行四边形的边、角、对角线的变化，掌握菱形、矩形和正方形的性质定理和判定定理。

（3）通过探究平行四边形和特殊平行四边形的关系，体会"转化"的方法与思想。

（4）应用特殊平行四边形的知识，解决相关数学问题。

在对本章教学内容进行前测的基础上，可具体明确学生已有学习水平。再结合上述《特殊平行四边形》一章教学目标设计，明确本章教学内容的重点和难点，明确课堂教学中哪些教学内容将重点关注哪些学生，从而切实做到教学中以学生为主体。

（三）单元教学目标设计价值

1. 破解教学碎片化问题，实现教学整体设计

所谓碎片化教学，乃是就一节课论一节课，就一篇文本谈一篇文本，就一个单元说一个单元；割裂一节课在整个文本教学中的作用，割裂一篇文本在整个单元教学中的作用，割裂一个单元在整个学期教学中的作用；单纯地把相对独立的教学内容封闭性处理，而与其他教学内容很少发生关联。碎片化教学的基本特征有四个：无序、重复、少趣、低效。说碎片化教学无序，是因为教学内容前后很少发生关联，无法体现知识的循序渐进，难以实现学生学习能力的逐步提升。说碎片化教学重复，是因为这节课教了，下节课又教一遍；这单元学了，下单元还学；新内容学习了，复习的时候再学一遍；这个老师教

了，另一个老师还教。至于学生掌握与否，掌握到什么程度，则少思考。说碎片化教学无趣，是因为反复教与学的结果必然是教师教得少趣，学生学得也倍感枯燥，兴趣不高。说碎片化教学低效，是因为无序、重复、少趣的教学，难以激发学生内在的学习动机，仅凭内在或外在的强制性维持学习状态，学习效果往往无效或低效。

从系统的角度考察，整体是指由有内在关系的部分组成的体系，部分与部分之间有某种内在的关系，整体与部分是相对的。比如，单元与文本相比，单元是整体，文本是部分。而单元与学期相比，单元又成为部分，学期是整体。整体设计的基本特征是有序、差异化、个性化、高效。有序是指教学的逻辑性。教学强调逻辑性，就是说先学什么，后学什么，不同学期、学年要学到什么程度，都要有逻辑顺序。差异性是指教师从整体教学（如一个学期或一个单元）出发，可以依据学情、教材和教师自身特点等对整体内各部分内容进行不同的处理，如对学期内的各单元或单元内的各文本进行不同方式的处理。差异化的教学可实现教学个性化，从整体设计的教学可以完全体现教师的教学态度、能力、风格等。这样的教学逻辑性强、方法多元、丰富多彩，学生必然兴趣盎然，教学高效。

以上面例举的数学学科九年级上册第一章《特殊平行四边形》为例，章教学目标的设计充分考虑了八年级下册第六章《平行四边形》的教学内容、九年级下册第二章《一元二次方程》的教学内容与本章教学内容之间的联系，从整体上考量并进行本章教学目标设计的结果。否则，易于陷入碎片化教学的泥潭，就菱形、矩形和正方形各节的教学内容而进行教学。忽略从平行四边形作为一般出发，依据边、角和对角线的变化而推导出作为特殊的平行四边形菱形、矩形和正方形的性质定理和判断定理。

2. 改变被动性教学，实现主动性教学

在日常教学实践中，教师常常按教材内容顺序组织教学，往往停留在教教材的层面，被动教学。如在《特殊平行四边形》一章中，教师可以按照教材内容顺序，分别进行菱形、矩形和正方形的教学。再如在统编语文教材七年级上册四单元中，可以分别依次进行《纪念白求恩》《走一步，再走一步》《植树的牧羊人》《诫子书》的教学。这种教教材的教学是被动性的教学，师生都单纯地围绕教材进行教与学，在教与学中失去了主动性。

主动性教学就是教师教得主动，针对学生学习水平、学习问题教，而不是单纯地围绕教材内容教；学生学得主动，针对自己的学习问题学，而不是单纯地围绕教材内容学。在上面例举的《特殊平行四边形》一章中，首先对学生进行前测，按照学生学习水平与能力，确定本章的教学重点与难点，学生在学习中就不是被动接受学习内容，而是从自己的学习水平和能力出发，从自己的学习问题出发，进行数学学习。教师在教学中，就是确定好教学重点和难点，有针对性地确定每一个教学目标需要关注的哪些学生，实现主动教学。

3. 从单纯注重知识教学，转向关注能力发展

能力发展需要一个相对较为长期的过程，需要系统性地学

习，不是一蹴而就的。一个学期的教学，往往是由若干单元教学内容组成，再由若干文本组成单元。因此，单元是连接学期与课堂教学的中间环节。单元教学目标设计能够基于一个学期的教学任务，明确单元教学内容；能够整合单元内的各个文本，进行整体设计。这样能够体现知识的前后关联和螺旋上升，在一个学期教学过程中，进行系统性的教与学，发展学生学习能力。

以上面例举的语文和数学学科为例。在统编语文教材七年级上册第四单元的单元教学目标设计中，"默读方法""继续深入体会不同感情色彩的词语在文中的作用""理清作者思路"就是基于单元前后教学内容的关联，基于单元内教学内容的关联，进行的整体设计，体现出语文要素的前后关联性，体现出语文知识螺旋上升的特点，进而形成学生语文学习能力。在数学学科九年级上册第一章《特殊平行四边形》中，将转化的方法与思想作为章教学目标，是基于学生学习能力出发进行的考量。学生在七年级的数学学习中就已经有所接触，但转化的方法与思想需要在初中学段中哪章的教学中深入学习，在哪章的教学中学会运用，这需要站在学段教学中整体考虑，在不同章的反复教学中，逐步形成学生的学习能力。

三、单元教学目标、课堂教学目标与教学设计

（一）单元教学目标具化为课堂教学目标

单元教学目标是单元教学的蓝图，开展单元教学，首先需

要设计单元教学目标。以统编语文教材七年级上册第四单元为例，本单元的四个大概念——人生之舟，默读，勾画关键语句，理清作者思路——表述为明确的单元教学目标，具体如下：

（1）理解文本主题，如对人物美好品行的礼赞，对人生经验的总结和思考，关于修身养德的谆谆教诲。

（2）掌握默读的学习方法。

（3）掌握勾画关键语句这一语文学习方法，适当做标注。

（4）在阅读与写作中，通过划分段落层次、抓关键语句、列提纲等，掌握理清思路的语文学习方法。

单元教学目标是单元整体教学的起点和基础，还需要具化为课堂教学目标，才能展开为具体的教学活动。以《纪念白求恩》一文为例，根据单元教学目标，其课堂教学目标设计如下：

第一课时：

（1）默读，整体感知课文，圈点字词。

（2）学习 2~3 段，勾画、品析拈轻怕重、漠不关心、精益求精、见异思迁、麻木不仁、鄙薄等 10 个左右词语，品味"没有一个不佩服，没有一个不"这个双重否定句。

（3）学习 2~3 段，明确对比手法。

第二课时：

（1）学习第 4 段，品味"一个人能力有大小……"这个排比句。

（2）抓各段关键语句，理清作者思路。

（二）课堂教学目标具化为教学设计

教学目标在教学诸要素中处于统领地位。因此，教学设计可依据教学目标展开。也就是说，依据教学目标，依次设计教学重点和难点、教学内容、教学方法、教学过程等。下面以《清平乐·村居》的教学设计为例，试加以说明。

《清平乐·村居》教学设计

单元	整体把握	(1)本单元为统编语文教材小学四年级下册第一单元； (2)单元的人文主题是乡村生活；语文要素是抓住关键语句，体会思想情感
	学情分析	(1)部分学生对乡村生活缺乏体验，要借助语言和图画等方式增加理解； (2)四年级上册第六单元已学习批注的方法。根据教学观察，学生对抓关键语句的方法有初步了解
	教学目标	(1)认识20个生字，读准2个多音字，会写40个字，会写26个词语； (2)有感情地朗读课文，能背诵和默写指定课文； (3)抓住关键语句，体会课文表达的思想感情； (4)根据课文中生动形象的句子，想象文中的画面和情境
	单元大纲	本单元共需12~14课时完成

续表

课时(1)	教学目标	(1)有节奏、有感情地朗读课文,读准"锄""剥"等字,掌握多音字"剥",会写"茅""檐""翁""赖""剥"5字; (2)抓住"村居"二字,理解词意; (3)结合作者生平,以"醉"理情,画一幅村居图		
	重点难点	(1)教学重点:掌握多音字,会写本文的生字; (2)教学难点:理解词意,想象词中描绘的情境		
	教学方法	讲授,小组研讨		
	教学资源与工具	PPT、动画		

教学环节	教学内容	教师活动	学生活动	设计意图
教学环节时间分配根据教师具体要求(时长)	教学内容与教学方法相统一	描述教师活动,体现教师的主导地位	描述学生活动,描述学生的具体动作,如倾听、观看、回忆、思考、回答、游戏、练习、答题、自学等	描述每个教学活动的设计意图与宗旨,描述设计思路
识字写字(朗读积累,10分钟)	1.朗读	1.教师范读,指导学生自由读、点名读等	1.学生模仿教师范读,自由朗读等	1.学生能够正确有感情地朗读文本

续表

识字写字(朗读积累，10分钟)	2.识字写字 (1)读准锄、茅、檐、相、媚、翁、媪、亡赖、剥等较难字词。掌握多音字"剥"； (2)会写生字"茅""檐""翁""赖""剥"。从字源字形了解"剥"字的本意	2.教师指导学生读准字音，按汉字结构和笔画笔顺示范，指导学生掌握多音字"剥"	2.学生跟着教师书写示范，依据汉字结构、按正确笔画笔顺书写生字，掌握多音字	2.会认、会写本课要求掌握的汉字，积累字词
	3.划分节奏，有感情地朗读文本	3.在学生自主划分节奏的基础上，教师指导学生正确划分	3.学生尝试划分句子节奏，有感情地朗读文本	3.学习正确地划分古诗文的句子节奏
疏通文意(释词明意，15分钟)	1.解释词牌与词题 (1)"清平乐"是词牌名。"清平乐"的"乐"要读成"yuè"； (2)"村居"是题目，意思是"农村闲居的人家"。《清平乐·村居》是辛弃疾描写农村生活的著名作品	1.教师解释词牌和词题	1.学生倾听、做好笔记	1.积累关于诗词的常识

疏通文意(释词明意,15分钟)	2.抓住"村居"二字,探究 (1)找出描写乡村生活的词句,找出描写人物的词句。 (2)理解重点词句。 吴音:吴地的方言。这里泛指南方方言。 相媚好:彼此之间很亲密和睦的样子。 翁媪:老翁、老妇人。 亡赖:音同"无赖",这里指顽皮、可爱。 (3)理解词意。 距离农家低小的屋檐不远处,是一条清澈流淌的小溪,溪边长满了绿色的青草。屋檐下,有两个头发花白的老翁、老妇正借着酒意说着悄悄话。 大儿子十分勤快,在溪边的田间地头种豆。老二呢,正忙着编织鸡笼。最讨人喜爱的莫过于那个顽皮可爱的小儿子了,瞧,他趴在溪边剥莲蓬,正忙得不亦乐乎呢!	2.教师根据学生探究实际情况,深入学生中间进行点拨	2.学生根据"村居"二字探究,找出描写乡村生活的词句,以及描写人物的词句;理解重点词句,说出词意	2.学习通过抓关键字词来理解文本意蕴的方法,完成本单元的单元教学目标
	3.诵读词作,再次深入理解文本	3.教师对学生诵读情况进行指导、评价	3.学生诵读词作	

延伸拓展(理情画境，15分钟)	1.作者生活时代与生平遭遇 辛弃疾(1140年5月28日至1207年10月3日)，字幼安，号稼轩，山东历城人，南宋豪放派词人、将领。出生前山东已沦陷在金人的铁蹄之下。22岁那年，辛弃疾率义军南下归宋，至67岁病故，他一心记挂着国家的统一。由于南宋朝廷偏安杭州，辛弃疾光复旧山河的理想始终得不到实现。被贬江西期间，辛弃疾寄情于填词，写下这首《清平乐·村居》，将自己对清平世界的渴望通过词句表达出来。	1.教师对学生收集的资料进行补充、点评	1.学生课前收集有关作者生活时代与生平遭遇的资料，课上分享	1.引导学生学会将文本放在具体的历史环境中、放在作者的人生境遇中来深入理解文本的方法
	2.结合作者生平，研讨 (1)圈点勾画，找出表达白发翁媪情感的关键词——"醉"； (2)结合"醉"字，体会作者表达的情感。 品味"茅檐""青青草""吴音""锄豆""织鸡笼""无赖""卧剥""莲蓬"等字词，理解词中那安宁、悠闲、快乐、恬静、幸福、平淡的农村生活让人陶醉，使人向往。 结合作者生平与时代，体会辛弃疾在这首词中真正想表达的自己对美好生活、清平世界的祈求。	2.教师对学生圈点勾画和分组研讨情况进行点拨、指导	2.学生结合作者生平，圈点勾画表达词作情感的关键词，分组研讨作者表达的情感	2.将语文与绘画等不同学科整合起来，实现综合性学习，培养学生的想象力
	3.画一幅村居图，结合动画深入理解词作	3.教师根据学生绘图情况，出示一幅村居图动画	3.学生画一幅村居图	

第十章 教学目标：实施

基于教学目标，实施教学，开展教学评价，是实现备—教—学—评一致性的基本路径。依据目标实施教学，可从结构化教学入手。

一、基于教学目标的结构化教学

将单元教学目标具体化为课时教学目标，再转化为教学设计，这仅仅是教学实施的蓝图。接下来需要进入第三阶段：根据单元教学目标和课时教学目标，实施"结构化"教学，发展学生核心素养。

"结构化"教学，就是教师和学生根据单元教学目标和课时教学目标，运用整体思维，将教学内容、方法、手段等要素结构起来，实现教学整体认知与实践。对教师而言，需要教给学生的结构主要是学习内容的结构和与之相应的学习方法的结构。对学生而言，主要是"用结构"，即运用课堂上所学的内容结构和方法结构。学习和掌握这些结构的初期，可能困难较大，耗时较长，然而，一旦学生拥有了这些结构，就会在以后

的学习，尤其是自主学习的过程中加速度地成长和发展。❶

　　以统编初中语文教材七年级上册第四单元的单元教学目标"掌握理清作者思路的学习方法"为例，这一目标可通过阅读和写作两个部分完成。首先在阅读部分，这一单元的阅读文本包括三篇现代文，分别是《纪念白求恩》《植树的牧羊人》《走一步，再走一步》。写作文本为"思路要清晰"。在阅读部分，教师通过教读课文《纪念白求恩》，引导学生画出文中各段的关键语句，掌握作者的写作思路。在《植树的牧羊人》一文中，教师可引导学生结合课后"思考与探究"第一题，勾画出标志故事情节发展的语句，从而理清作者写作思路。在这两篇教读课文中，教师主要是"教结构"，做示范，让学生初步学会理清作者思路的方法。在《走一步，再走一步》一文中，教师可引导学生结合"阅读提示"，鼓励他们自主合作探究，按照冒险、遇险和脱险的时间顺序，勾画出标志事件发展的关键语句，从而理清作者写作思路。在这篇自读课文中，教师主要引导学生学习"用结构"。学生作为学习主体，自主探究作者写作思路，形成能力，而教师主要起到指导的作用。其次在写作部分，教师应让学生运用思维导图，画出前面所学三篇（或者是一篇）课文作者的写作思路。然后，采用列提纲或画思维导图的方式，理清自己作文的写作思路。这样，学生通过本单元阅读与写作的学习，不断深入地理解和掌握理清作者思路这一学习方法，形成学科核心素养。同时，在这一单元，学生掌

---

❶ 李政涛. 当代教学设计中的整体意识和结构意识［J］. 教育发展研究，2006（7）：43-47.

握了理清作者思路的基本方法，才能为第五单元"在理清思路的基础上，学会概括文章的中心思想"打好基础。

围绕本单元的单元教学目标，开展结构化教学，能够引导学生将单元内的知识结构起来，将不同单元的知识建构起来，将跨学科的知识组织起来，将学习与生活联系起来。最终，发展学生核心素养。

为更好地结构教学内容，每学期开始，在课堂教学上，教师进行学期教学导入，应与学生共同确定本学期的学期教学目标；每单元教学开始前，在课堂教学上，教师进行单元教学导入，应首先与学生共同确定好单元教学目标；每节课开始时，教师应明确课堂教学目标。

为更好地结构教学内容，每节课教学结束时，应总结、提炼课堂教学目标，为下一节课的学习做好准备；每单元教学结束时，总结、提炼单元教学目标，为下一单元或相关内容的学习做好准备；每学期教学结束时，总结、提炼学期教学目标，为下一学期内容的学习做好准备。

二、基于教学目标的评价

基于教学目标的评价，可从基于教学目标的课堂观察与单元教学目标的学业测评入手。

（一）基于教学目标的课堂观察

基于教学目标的课堂观察，主要用于观察教师的课堂教学质量。依据教学目标设计方法，《基于教学目标的课堂观察量表》主要从教学内容、教学方法和能力层级三个方面展开设计。在注重预设的同时，也注重课堂的生成。同时，可根据被观察教师的实际教学情况，给以相应的教学建议。具体如下表所示：

基于教学目标的课堂观察量表

| 授课教师 | 学校 | 学科 | 班级 |
| 观课教师 | 题目 | 年 月 日 | |

目标	教学内容	教学方法	能力层级
目标1			
目标2			
目标3			
生成目标			

教学建议：

（二）基于单元教学目标的学业评价

基于单元教学目标的学业测评，可依据单元教学目标，以及具体的课堂教学目标来设计评价内容。下面以统编语文教材七年级上册第四单元为例进行说明。首先设计这一单元教学目标：

单元教学目标

（1）运用默读的方法，预习文本。

（2）会写拈轻怕重、漠不关心、精益求精、光秃秃、干涸、呼啸等词语，掌握诚、险燥等文言实词。

（3）运用抓关键语句的方法，赏析文本。

（4）掌握理清作者思路的基本方法。

（5）掌握文本表达的主题。

接下来，根据单元教学目标设计课堂教学目标：

12　纪念白求恩

第一课时

教学目标：

（1）默读，整体感知课文，圈点字词。

（2）学习2~3段，品析拈轻怕重、漠不关心、精益求精、见异思迁、麻木不仁、鄙薄等10个左右词语，品味"没有一个不佩服，没有一个不"这个双重否定句。

（3）学习2~3段，明确对比手法。

教学重点和难点：明确对比手法

第二课时

教学目标：

（1）学习第4段，品味"一个人能力有大小……"这个排比句。

（2）抓各段关键语句，理清作者思路。

（3）通览文本，体会文章主旨。

教学重点和难点：体会文章主旨

根据上述单元教学目标和课堂教学目标，设计评价内容。需要说明的是，不但可以从学习内容的角度测评学生的学习结果，还可以从学习方法的角度进行测评，具体如下所示：

阅读下文，完成1~2题。

纪念白求恩

①白求恩同志毫不利己专门利人的精神，表现在他对工作的极端的负责任，对同志对人民的极端的热忱。每个共产党员都要学习他。不少的人对工作不负责任，拈轻怕重，把重担子推给人家，自己挑轻的。一事当前，先替自己打算，然后再替别人打算。出了一点力就觉得了不起，喜欢自吹，生怕人家不知道。对同志对人民不是满腔热忱，而是冷冷清清，漠不关心，麻木不仁。这种人其实不是共产党员，至少不能算一个纯粹的共产党员。从前线回来的人说到白求恩，没有一个不佩服，没有一个不为他的精神所感动。晋察冀边区的军民，凡亲身受过白求恩医生的治疗和亲眼看过白求恩医生的工作的，无不为之感动。每一个共产党员，一定要学习白求恩同志的这种真正共产主义者的精神。

②白求恩同志是个医生，他以医疗为职业，对技术精益求精；在整个八路军医务系统中，他的医术是很高明的。这对于一班见异思迁的人，对于一班鄙薄技术工作以为不足道、以为无出路的人，也是一个极好的教训。

1.请在①段中找到"热热闹闹"这个词的反义词，用"△"在这个词的下面做标注。结合上下文，说说这个词的含义。

2. 请在②段中用"~~~~~~~~"画出表现白求恩同志精神的句子，然后说说白求恩同志和哪些人形成了对比。

参考文献

（一）中文著作

［1］冯建军. 生命与教育［M］.北京：教育科学出版社，2004.

［2］冯建军. 教育的人学视野［M］.合肥：安徽教育出版社，2008.

［3］高伟. 生存论教育哲学［M］.北京：教育科学出版社，2006.

［4］龚孝华. 变：学校教育评价观探索之旅［M］.北京：教育科学出版社，2007.

［5］郭湛. 主体性哲学：人的存在及其意义［M］.昆明：云南人民出版社，2002.

［6］韩庆祥，张洪春. 论以人为本：从物到人［M］.南京：江苏人民出版社，2006.

［7］胡中锋. 教育评价学［M］.北京：中国人民大学出版社，2008.

［8］金生鈜. 规训与教化［M］.北京：教育科学出版社，2004.

［9］姜国柱. 中国认识论史［M］.武汉：武汉大学出版社，2008.

［10］刘济良. 生命教育论［M］.北京：中国社会科学出版社，2004.

［11］刘敬鲁. 海德格尔人学思想研究［M］.北京：中国人民大学出版社，2001.

［12］梁漱溟. 中国文化要义［M］.上海：上海人民出版社，2003.

［13］李为善，刘奔. 主体性和哲学基本问题［M］.北京：中央文献出版

社，2002.

［14］李政涛. 教育科学的世界［M］.上海：华东师范大学出版社，2010.

［15］李智. 论海德格尔的现代性批判：另一种后现代主义［M］.北京：首都师范大学出版社，2003.

［16］李召存. 课程知识论［M］.上海：华东师范大学出版社，2009.

［17］李稚勇，方明生. 社会科教育展望［M］.上海：华东师范大学出版社，2001.

［18］彭蜀晋，林长春. 科学课程与教学论［M］.北京：高等教育出版社，2005.

［19］瞿葆奎. 教育学文集·智育［C］.北京：人民教育出版社，1999.

［20］全国十二所重点师范大学联合编写. 教育学基础［M］.北京：教育科学出版社，2005.

［21］施良方，崔允漷.教学理论：课堂教学的原理、策略与研究［M］.上海：华东师范大学出版社，2009.

［22］沈晓敏. 社会课程与教学论［M］.杭州：浙江教育出版社，2003.

［23］沈玉顺. 现代教育评价［M］.上海：华东师范大学出版社，2002.

［24］孙迎光. 主体教育理论的哲学思考［M］.南京：南京师范大学出版社，2003.

［25］单少杰. 主客体理论批判［M］.北京：中国人民大学出版社，1989.

［26］单中惠. 西方教育思想史［M］.北京：教育科学出版社，2007.

［27］石中英. 知识转型与教育改革［M］.北京：教育科学出版社，2001.

［28］石中英. 教育哲学导论［M］.北京：北京师范大学出版社，2004.

［29］石中英. 教育学的文化性格［M］.太原：山西教育出版社，2005.

［30］王道俊，郭文安. 主体教育论［M］.北京：人民教育出版社，2005.

［31］吴国盛. 时间的观念［M］.北京：北京大学出版社，2006.

［32］吴俊明. 科学教育基础［M］.北京：科学出版社，2008.

［33］汪天文. 时间理解论［M］.北京：人民出版社，2008.

［34］熊川武. 理解教育论［M］.北京：教育科学出版社，2005.

［35］熊川武. 教学通论［M］.北京：人民教育出版社，2010.

［36］夏甄陶. 认识论引论［M］.北京：人民出版社，1986.

［37］杨国荣. 认识与价值［M］.上海：华东师范大学出版社，2009.

［38］杨金海. 人的存在论［M］.北京：中华书局，2009.

［39］俞宣孟. 现代西方的超越思考：海德格尔的哲学［M］.上海：上海人民出版社，1989.

［40］俞宣孟. 本体论研究［M］.上海：上海人民出版社，2005.

［41］叶澜. 教育研究方法论初探［M］.上海：上海教育出版社，1999.

［42］叶秀山. 哲学要义［M］.北京：世界图书出版公司，2006.

［43］赵敦华. 现代西方哲学新编［M］.北京：北京大学出版社，2004.

［44］朱德生，冒从虎，雷永生. 西方认识论史纲［M］.南京：江苏人民出版社，1983.

［45］周浩波. 教育哲学［M］.北京：人民教育出版社，2008.

［46］张栗原. 教育哲学［M］.福州：福建教育出版社，2008.

［47］张祥龙. 海德格尔思想与中国天道：终极视域的开启与交融［M］.北京：生活·读书·新知三联书店，1996.

［48］张世英. 哲学导论［M］.北京：北京大学出版社，2008.

［49］张天宝. 主体性教育［M］.北京：教育科学出版社，2001.

［50］邹诗鹏. 生存论研究［M］.上海：上海人民出版社，2005.

（二）中文译著

［1］A. J. 赫舍尔. 人是谁［M］.隗仁莲，安希孟，译. 贵阳：贵州人民出版社，2009.

［2］D.W. 海姆伦. 西方认识论简史［M］.夏甄陶，崔建军，纪虎民，译. 北京：中国人民大学出版社,1987.

［3］L. W. 安德森.学习、教学和评估的分类学：布卢姆教育目标分类学修订版［M］.皮连生，主译.上海：华东师范大学出版社，2020.

［4］Mervin D. lynch, Carole Ruth Harris. 培养中小学生的创造性：理论与实践［M］.胡清芬，陈桄，译. 北京：中国轻工业出版社，2005.

［5］Norman E. Gronlund, Susan M. Brookhart. 设计与编写教学目标［M］. 8 版，盛群力，郑淑贞，冯丽婷，译.北京：中国轻工业出版社，2019.

［6］R. M. 加涅，W. W. 韦杰，K. C. 戈勒斯，等 .教学设计原理［M］.王小明，庞维国，陈保华，等译.上海：华东师范大学出版社，2020.

［7］埃德加·莫兰. 复杂性理论与教育问题［M］.陈一壮，译. 北京：北京大学出版社，2006.

［8］柏拉图. 柏拉图全集［M］.王晓朝，译. 北京：人民出版社，2002.

［9］保罗·弗莱雷. 被压迫者教育学［M］.顾建新，赵友华，何曙荣，译. 上海：华东师范大学出版社，2007.

［10］彼得·毕尔格. 主体的退隐［M］.陈良梅，夏清，译. 南京：南京大学出版社，2004.

［11］弗莱德·R. 多尔迈. 主体性的黄昏［M］.万俊人，朱国钧，吴海针，译. 上海：上海人民出版社，1992.

［12］弗洛姆. 占有还是生存［M］.关山，译. 北京：生活·读书·新知三联书店，1989.

［13］赫·斯宾塞. 教育论［M］.胡毅，译. 北京：人民教育出版社，1962.

［14］赫伯特·马尔库塞. 单向度的人：发达工业社会意识形态研究［M］.刘继，译. 上海：上海译文出版社，2008.

［15］卡尔·波普尔. 客观知识：一个进化论的研究［M］.舒炜光，卓如飞，周柏乔，等译. 上海：上海译文出版社，2005.

［16］卡尔·雅斯贝尔斯. 什么是教育［M］.邹进，译. 北京：生活·读书·新知三联书店，1991.

［17］卡尔·雅斯贝尔斯. 生存哲学［M］.王玖兴，译. 上海：上海译文出版社，2006.

［18］康德. 纯粹理性批判［M］.蓝公武，译. 北京：商务印书馆，2005.

［19］劳伦斯·E. 卡洪. 现代性的困境：哲学、文化和反文化［M］.王志宏，译. 北京：商务印书馆，2008.

［20］联合国教科文组织国际教育发展委员会. 学会生存：教育世界的今天和明天［M］.华东师范大学比较教育研究所，译. 北京：教育科学出版社，2000.

［21］罗洛·梅. 创造的勇气［M］.杨韶刚，译. 北京：中国人民大学出版社，2008.

［22］马丁·布伯. 我与你［M］.陈维纲，译. 北京：生活·读书·新知三联书店，2002.

［23］马丁·海德格尔. 存在与时间［M］.陈嘉映，王庆节，译. 北京：生活·读书·新知三联书店，2008.

［24］马丁·海德格尔. 路标［M］.孙周兴，译. 北京：商务印书馆，2007.

［25］迈克尔·波兰尼. 个人知识：迈向后批判哲学［M］.许泽民，译. 贵阳：贵州人民出版社，2000.

［26］麦克·格尔森.如何在课堂中使用布卢姆教育目标分类法［M］.汪然，译.北京：中国青年出版社，2021.

［27］米歇尔·本特利，克里斯汀·艾伯特.科学的探索者：小学与中学科学教育新取向［M］.洪秀敏，译.北京：北京师范大学出版社，2008.

［28］尼古拉·别尔嘉耶夫.人的奴役与自由［M］.徐黎明，译.贵阳：贵州人民出版社，2007.

［29］尼古拉·别尔嘉耶夫.自我认知［M］.汪剑钊，译.上海：上海人民出版社，2007.

［30］帕米拉·法丽丝.美国中小学社会课教学实践［M］.张谊，王克，译.北京：华夏出版社，2004.

［31］让·华尔.存在哲学［M］.翁绍军，译.北京：生活·读书·新知三联书店，1987.

［32］让－保罗·萨特.存在主义是一种人道主义［M］.周煦良，汤永宽，译.上海：上海译文出版社，2008.

［33］让－弗·利奥塔，等.后现代主义［M］.赵一凡，等译.北京：社会科学文献出版社，1999.

［34］萨特.存在与虚无［M］.陈宣良，等译.北京：生活·读书·新知三联书店，2008.

［35］史蒂芬·耶伦.目标本位教学设计：编写教案指南［M］.艾维·李，协编.白文倩，任露铭，译.福州：福建教育出版社，2018.

［36］托·亨·赫胥黎.科学与教育［M］.单中惠，平波，译.北京：人民教育出版社，1990.

［37］威廉·巴雷特.非理性的人［M］.段德智，译.上海：上海译文出版社，2007.

［38］维尔纳·叔斯勒.雅斯贝尔斯［M］.鲁路，译.北京：中国人民大学出版社，2008.

［39］伊利亚·普里戈金. 确定性的终结：时间、混沌与新自然法则
　　　［M］. 湛敏，译. 上海：上海科技教育出版社，2009.

［40］伊曼纽尔·沃勒斯坦. 知识的不确定性［M］. 王昺，译. 济南：山
　　　东大学出版社，2006.

［41］约翰·杜威. 确定性的寻求：关于知行关系的研究［M］. 傅统先，
　　　译. 上海：上海世纪出版集团，2005.

（三）英文著作

［1］ALLARD J L. Education for Freedom : The Philosophy of Education of
　　Jacques Maritain［M］. Ottawa : University of Ottawa Press, 1982.

［2］BERNBAUM G. Knowledge and Ideology in the Sociology of Education
　　［M］. London : Macmillan, 1979.

［3］BROWNHILL R J. Education and the Nature of Knowledge［M］. London :Helm,
　　1983.

［4］DAVID C. Education, Knowledge and Truth : Beyond the Postmodern Im-
　　passe［M］. New York : Routledge, 1998.

［5］DAVID E. Denton Existentialism and Phenomenology in Education: Col-
　　lected Essays［M］. New York: Teachers College Press, 1974.

［6］DEGENHARDT M A B, WILSON R.Education and the Value of Knowledge
　　［M］.Boston : G. Allen & Unwin, 1982.

［7］CALDWELL H J. Freedom and Beyond［M］. New York : E. P. Dutton,
　　1972.

［8］KEVIN H. Education and Knowledge : The Structured　Misrepresentation of
　　Reality［M］. London : Routledge & Kegan Paul, 1979.

［9］MAREK K.Intellectuals, Power, and Knowledge : Studies in the Philosophy
　　of Culture and Education［M］. New York : Peter Lang Pub Inc, 2004 .

［10］PEREYRA M .Changing Knowledge and Education［M］. New York : Peter Lang Pub Inc, 2008.

［11］CLEVE M V. Existentialism in Education : What It Means［M］. New York : Harper & Row, 1966.

［12］FLETCHER S. Education and Emancipation［M］. New York: Teachers College Press, 2000.

后　记

2008 年，我到华东师范大学，跟随熊川武教授学习。我将求学重心放在理论学习上，系统阅读了东西方的哲学与教育学著作，形成了一些思考；也在老师的带领下进入实践现场，在上海市奉贤区的一所高中"驻校指导"（熊教授语），体会实践的生动与丰富。每次拜访瞿葆奎先生，与先生或静坐，或长谈；每次在寓所，收到先生派人送来的亲笔书信（彼时，先生已近目不能视），以及刚刚出版的著述，对我来说，都是极有意义的精神教育。

2011 年，我博士毕业后，辗转到辽宁省基础教育教研培训中心，从事教研工作。我将工作重心放在实践探索上，经常走进中小学校，包括不同学段：小学、初中和高中；走进课堂，包括不同学科：语文、数学、英语等；坚持为中小学生授课，包括省内的、省外的。

2020 年，我因工作调整，到沈阳师范大学教育科学学院工作。朴雪涛院长、迟艳杰教授和学院的其他老师对我给予了极大的鼓励与帮助，使我在这个和谐、进取的学术共同体中努力锻造自己，逐渐将理论与实践结合起来，践行我的教育信条：

从实践中来、到实践中去。

　　本书是对我十余年理论与实践之路人生行走的成长记录，也是我未来成长的有益经验与学术滋养。

　　最后，我要特别感谢责任编辑王颖超博士对本书用心、细心、耐心的工作。她精益求精的态度，不仅让本书的质量得以提升，也是对我的极大激励。